Nos combats pour la République

DE LA MÊME AUTRICE

Alter-égales, avec Élodie Massé et Élise Vouvet, Normant, 2012.

Aurore Bergé

Nos combats pour la République

Un appel à croire en nos idéaux
et à se dresser face aux défis de notre temps :
populismes, antisémitisme, laïcité, démocratie,
violences faites aux femmes et aux enfants...

Robert Laffont

ISBN : 978-2-221-27884-0
Dépôt légal : mars 2025
Éditions Robert Laffont – 92, avenue de France, 75013 Paris
info@lisez.com

À Victoire (la plus belle de toutes, la seule qui compte)

Prologue

C'est quoi ton métier, maman ?

Cette question, ma fille Victoire me la posera inévitablement. Comme tous les enfants la posent un jour à leurs parents. Du haut de ses deux ans, ma fille exprime aujourd'hui d'abord ses besoins, ses attentes, ses envies, ses émotions. Elle réclame ses parents, ses sœurs, son chien, son doudou. Elle s'installe avec ses livres. Elle dit si elle aime et qui, elle soulève des peurs. Chaque jour sa maîtrise du langage m'impressionne comme une nouvelle conquête sur le monde et une soif d'affirmation. Je la tiens d'ailleurs soigneusement éloignée des écrans dont nous savons aujourd'hui les ravages sur le développement de nos enfants.

Comme tout parent, je doute en permanence de moi en tant que mère. C'est un rôle que j'ai ardemment souhaité et qui est arrivé au moment où j'étais prête à l'assumer pleinement et avec la bonne personne. Mais ces questions ne me quittent pas et ne me quitteront jamais. Suis-je trop ceci ou pas assez cela ? Trop présente ou trop absente ? Où placer le curseur ?

Et puis les fonctions que j'ai occupées et que j'occupe à nouveau aujourd'hui – ministre des Solidarités et des Familles, et donc des enfants et des parents, puis de l'Égalité entre les femmes et les hommes et de la Lutte contre les discriminations – m'ont donné à voir le meilleur et le pire du genre humain.

Le meilleur, grâce aux rencontres avec ceux qui éveillent, qui prennent soin, qui s'investissent tous les jours pour nos jeunes enfants – ces professionnels de la petite enfance si déterminants pour leur développement, ces éducateurs qui réparent, ces aidants qui accompagnent, ces enseignants qui ouvrent les esprits, ces magistrats et avocats qui soutiennent les victimes et veulent protéger notre monde.

Mais j'ai aussi vu le pire, qui se cache d'abord dans notre intimité et au sein de nos familles, où les violences se nichent, se taisent et se reproduisent. Le pire aussi de l'indifférence face à la souffrance des autres, au regain d'antisémitisme, au racisme qui persiste, au harcèlement dont sont victimes trop de nos enfants.

Alors peut-être qu'à sa question, j'essaierai de répondre cela : « Je travaille pour que personne ne fasse de mal aux plus fragiles, et donc aux enfants ; pour que demain, adultes, ils ne reproduisent pas le mal que des adultes ou d'autres enfants leur auraient fait subir ; pour qu'ils trouvent chaque violence insupportable et la rejettent absolument, même s'ils ne sont pas eux-mêmes concernés ; donc, je prends soin des filles pour qu'elles soient libres et capables de faire leurs propres choix et des garçons pour qu'ils aient soif de justice et d'égalité. »

Mais la politique n'est pas un métier. Et ça, je le lui dirai aussi.

C'est un moment de notre vie où nous sommes élus ou nommés pour occuper des fonctions et des mandats. Un moment de notre vie qui peut soudain s'arrêter. La dissolution du 9 juin 2024 a d'ailleurs été un rappel brutal de cette vérité. Puisque la fin arrivera, choisie ou subie, puisque les mandats prennent fin, que les fonctions s'interrompent – et heureusement –, alors il faut que chaque jour compte.

C'est une course contre la montre. Encore plus aujourd'hui qu'hier, tant les cycles politiques sont devenus rapides. Dans ce règne de l'éphémère, l'injonction à l'immédiateté l'emporte sur le temps long. Plus grand monde ne semble avoir pour ambition de durer et donc de faire durer de véritables politiques publiques.

La politique se zappe et se consume, essorée par les chaînes de télévision en continu et par les réseaux sociaux, où avaler des bonbons avec le bon fond musical semble plus important que la compétence, la légitimité et les valeurs.

Ces sept dernières années m'ont profondément changée. Elles ont fortifié mes convictions, ancré mon tempérament au fil des discussions avec celles et ceux que j'ai eu la chance et l'honneur de rencontrer : élus locaux, responsables associatifs, artistes, avocats, magistrats, artisans, agriculteurs, fonctionnaires, chefs d'entreprise, professionnels de la petite enfance, du grand âge et du handicap (très souvent et majoritairement des femmes)... Tous amoureux de leurs métiers, des causes et des personnes qu'ils servent comme de notre pays. Avoir été élue et réélue députée, avoir été nommée ministre m'aura d'abord donné l'occasion de croiser des personnes auxquelles je n'aurais jamais eu accès autrement. C'est cette diversité qui fait la force et l'énergie de notre pays, et que nous mésestimons et méconnaissons trop souvent. J'ai multiplié les rencontres et les déplacements. Pas une semaine ne s'est écoulée sans que j'aille à la rencontre des Français, en m'éloignant le plus possible des préfectures pour voir d'autres réalités, sociales et politiques. Je pense au maire de Castillon-la-Bataille, à l'est de la Gironde, qui se bat contre la pauvreté des enfants ; je pense au maire de Rouez, dans la Sarthe, qui n'a de cesse de redonner vie à son village, de la Maison des assistantes maternelles à l'épicerie-boulangerie-pâtisserie ; à ces parents d'enfants en situation de handicap, à ces aidants qui oublient leur santé, à ces femmes qui trop souvent se retrouvent seules, à ces éducateurs, à ces soignants qui sont d'un dévouement exceptionnel et se décarcassent au quotidien pour que la dignité soit préservée ; je pense à cette jeune créatrice d'entreprise dans l'Eure qui s'est remise d'un cancer et a voulu que cette épreuve devienne un point de départ entrepreneurial ; je pense à l'Association réunionnaise pour la prévention des risques liés à la sexualité et aux harcèlements qui lutte contre tous les préjugés et dépiste, prévient et accompagne les MST. Ces rencontres, oui, m'ont profondément changée. Qui n'aurait pas changé ? Ces femmes et ces hommes sont le visage d'une France qui ne se résigne pas, qui ne se referme pas, qui s'engage, qui se bat et qui espère encore que nous avons le pouvoir de changer la donne.

La naissance de ma fille, c'est autre chose. Ça n'est pas un changement, c'est un bouleversement. Pour une raison simple : politique et parentalité sont profondément antinomiques. L'une pousse à l'égoïsme, l'autre donne chaque jour un uppercut à l'ego car il y a quelqu'un de bien plus important que soi. Ça vous décale, vous replace au bon endroit et vous grandit, autant que cela vous rend vulnérable.

La dissolution a d'abord été rude pour cela. Pendant le mois immédiat de campagne qui a suivi, je n'ai quasiment pas pu coucher ma fille, observer ce rituel essentiel auquel je ne déroge habituellement pas plus de deux soirs par semaine.

La politique dévore nos vies personnelles et intimes. Il nous appartient d'y poser des limites.

Avant Victoire, il n'y en avait aucune. Ou si peu. Je me suis arrêtée deux jours seulement avant la date prévue pour sa naissance (quatre jours finalement puisqu'elle a eu envie de se faire attendre un peu...). J'ai continué à assurer mes fonctions de présidente de groupe parlementaire, position particulièrement exposée et harassante en période de majorité relative, jusqu'au bout et même en parallèle de mon accouchement. Et pour devancer les éventuelles critiques : j'ai fait ce que j'estimais être bien pour moi, pour elle, pour notre santé à toutes les deux. J'ai accepté l'idée que ce choix – m'arrêter ou non et combien de temps – ne regardait que moi !

Personne ne me savait enceinte pendant la campagne des élections législatives de 2022. Je peux le dire aujourd'hui, je l'ai tu parce que j'en craignais les conséquences politiques. Les qualificatifs associés aux femmes ont encore la vie dure : nous serions trop émotives, trop fragiles, trop imprévisibles. Quand Kamala Harris a tardé à s'exprimer au soir de la défaite des Démocrates le 5 novembre dernier, combien ont d'abord pensé : « C'est parce qu'elle doit être en train de pleurer... » Alors, une femme enceinte pour présider le premier groupe de la majorité – ce qui n'était jamais arrivé –, évidemment, cela aurait été un argument. À mots couverts, sans doute. Mais à mon détriment, j'en suis certaine. J'en avais d'ailleurs souri avec Yaël Braun-Pivet, première femme élue présidente de l'Assemblée nationale. Nous cheminons main dans la main depuis 2017, et ceux qui cherchent à créer des rivalités entre nous n'y parviendront pas. Parfois, la sororité existe véritablement et nous n'avons jamais manqué à l'appel l'une pour l'autre dans les moments clés.

Être maman est en fait ma plus belle victoire et une chance inestimable dont je n'ai pris conscience qu'en le devenant. Votre rapport aux autres, au temps, change profondément. Je ne dis évidemment pas qu'il faut forcément avoir ses propres enfants pour exercer des fonctions politiques mais je suis aujourd'hui convaincue que je suis meilleure dans ce rôle parce que Victoire est là et qu'élever des enfants – les siens ou ceux des autres, tant nos familles sont diverses – est déterminant dans l'exercice des responsabilités et dans les priorités que vous vous fixez.

Qu'aurais-je répondu à ma fille pendant cette nouvelle campagne législative ? J'ai utilisé des mots simples pour les deux filles de mon compagnon qui vivent avec nous en garde alternée. Elles ne comprenaient pas – et c'est bien normal à sept et neuf ans – la différence entre ministre et députée, et encore moins que je puisse être réélue sans rester ministre ! Je leur ai dit simplement :

« On appartient tous à des équipes, si notre équipe est celle qui a la majorité des députés, alors c'est nous qui gagnons et formons le gouvernement. Si personne n'a la majorité... alors c'est un peu compliqué. »

Et c'est « un peu compliqué » depuis...

Quelle compréhension en ont les Français aujourd'hui ? Onze millions d'entre eux ont voté pour le Rassemblement national (RN), pourtant la gauche a revendiqué sa victoire et nous avons formé puis reformé un gouvernement de coalition entre l'ancienne majorité présidentielle et la droite républicaine. Quel sens cela peut-il avoir ?

Des enjeux essentiels n'ont pas été abordés. Ils sont pourtant l'essence même de nos vies. Nos enfants, d'abord. La sécurité que nous leur souhaitons en tant que parents, l'éveil et l'éducation que nous leur devons en tant que société, les violences que trop d'entre eux subissent, la protection de l'enfance qui émeut le soir sur son canapé devant un reportage mais n'est jamais au cœur d'une seule élection.

Les droits des femmes, ensuite. Nos corps, nos libertés, notre émancipation, quand tant d'autorités veulent nous imposer de nouveaux carcans religieux ou identitaires, et d'hommes, nous infliger des violences psychologiques, physiques ou sexuelles. Quel silence à ce sujet pendant la campagne législative de 2024, alors même que le procès de Mazan où cinquante et un hommes ont comparu pour le viol répété de Gisèle Pelicot commençait quelques semaines plus tard...

Enfin, notre identité en tant que peuple et en tant que nation, les valeurs que nous partageons encore, le socle sur lequel nous établissons notre reconnaissance mutuelle en tant que Français, la fierté renouvelée qui peut et doit être la nôtre.

Ce sont des combats. Des combats qui tracent des lignes de démarcation claires entre les femmes et les hommes politiques, entre le courage et la résignation. Ce n'est pas simple de se regarder en face. Mais depuis ma première élection à l'Assemblée nationale, en sept ans de rencontres, de débats, de déplacements, j'ai reçu la démonstration d'une France qui espère encore que la politique puisse être utile, qui s'agace, qui s'énerve, qui s'impatiente, qui s'en désespère (souvent) mais qui veut continuer à y croire, puisqu'elle ne s'en désintéresse pas. Au moins, pas tout à fait.

Je veux pouvoir dire demain à ma fille que, oui, ça sert, la politique. Que nos décisions ont un impact encore sur le réel et le transforment. Qu'il reste des raisons d'avoir confiance.

C'est ce que cette dissolution a montré : la politique n'a pas disparu, les Français ne l'ont pas effacée. Ils veulent entendre qu'ils ont raison d'y croire encore, de nous laisser une petite (et sans doute dernière) chance de leur démontrer que nous ne sommes pas impuissants. Il nous appartient de ne pas leur donner tort.

Première partie

En urgence et dans la confusion

1

Le jour où nous avons été dissous

Il est 19 heures quand j'apprends que la dissolution aura lieu ce dimanche 9 juin.

Nous sommes tous dans une salle de la Mutualité, au centre de Paris. Une pièce bien trop grande pour contenir nos maigres résultats aux élections européennes. La quasi-totalité du gouvernement est présente, ainsi que des parlementaires et notre tête de liste Valérie Hayer, à laquelle on ne peut sincèrement rien reprocher tant ses qualités sont nombreuses et tant elle a fait une bonne campagne dans un contexte si difficile. D'ailleurs, personne n'a voulu occuper sa place, et peu, trop peu, malheureusement, se sont mobilisés dans cette campagne. Tous les bons soldats aussi – dont je fais partie –, qui enchaîneront les plateaux de télévision dès 20 heures. Nous attendons les résultats définitifs. Notre seul doute reste notre place : deuxième, derrière le Rassemblement national, ou troisième, derrière Raphaël Glucksmann ? Nous sauverons l'honneur en l'emportant d'une courte tête sur ce dernier.

Entre nous, il est alors question de tout sauf de la dissolution. Nous échangeons sur l'attitude à observer – sobre, humble. J'insiste avec d'autres pour éviter les éléments de langage éculés (« Ce n'est pas une victoire », « Le premier camp qui l'emporte est d'abord celui de l'abstention »...), ces mots qui confinent à la caricature de la vie politique. Entendus mille fois, ils manquent cruellement d'honnêteté et de sincérité. Ils sont d'ailleurs devenus absolument inaudibles pour les Français qui nous écoutent encore. La vérité est plus simple et donc plus cruelle : nous avons perdu. Sèchement. Défaite d'autant plus difficile que le combat européen, pour nous, est identitaire. En 2016, le candidat Emmanuel Macron avait été le premier à assumer de porter haut l'argument de l'identité européenne.

Mais cette fois, nous n'avons pas su faire entendre ce que nous sommes. La force d'attraction des deux blocs populistes a emporté la campagne et, si Raphaël Glucksmann a su incarner le vote contestataire raisonnable, sa bonne campagne, loin du Parti socialiste, sera oubliée dès la proclamation des résultats. Les Français se sont massivement déplacés et ils nous ont dit non. Peu importe qu'ils aient ou non répondu à la question posée ce 9 juin : « Quelle Union européenne voulez-vous ? » Ils ont d'abord dit qu'ils ne la voulaient pas avec nous, en tout cas pas avec nous aux premiers postes.

Nos téléphones vibrent alors des alertes de la prise de parole à venir du président de la République. Il n'y a plus vraiment de doute possible. Le chef de l'État ne s'exprimera évidemment pas pour commenter les résultats des européennes. Nous allons donc vivre une soirée en deux temps : justifier, expliquer d'abord, comme si de rien n'était, en sachant pertinemment que l'annonce de la dissolution par le président écrasera tout.

Dans les loges, avant d'entrer sur les plateaux de télévision, je sens tout au long de la soirée une immense fébrilité, autant qu'une sincère excitation. Fébrilité de nos adversaires et de nos opposants politiques : qu'ils aient réclamé la dissolution, persuadés qu'elle n'arriverait pas, ou qu'ils l'aient redoutée, ils savent qu'ils ne sont pas prêts. Excitation des journalistes devant cette page blanche absolue et la recomposition politique qu'elle permettra. Ou non.

Je dois être honnête : quand j'apprends que le président va dissoudre, je me dis qu'il a raison. Que c'est habile et légitime. Je le lui écris d'ailleurs. Beaucoup, à l'inverse, réviseront leur position à mesure que les conséquences des élections législatives s'éclairciront. Je crois que ça se voit, qu'on ne peut pas tricher indéfiniment comme si les Français ne le percevaient jamais. Le *storytelling* a ses limites.

Oui, j'ai pensé qu'il avait raison. Il reprend alors la main, démontre qu'il est tout sauf sourd aux résultats d'élections européennes que nous avions nous-mêmes érigées comme déterminantes, qu'il y apporte la seule réponse politique claire. Surtout, nous allons pouvoir vraiment purger l'hypothèse du Rassemblement national. Je suis persuadée que cette décision est préparée, que le parti est prêt, organisé, que cela a été anticipé – bref que nous avons une sérieuse longueur d'avance sur ceux qui vont découvrir la nouvelle en direct. Ce n'est pas le cas. Tout se fera en catastrophe.

La dissolution, quelles qu'en soient les motivations, est et sera toujours une décision brutale.

Je pense à mes collègues et amis députés, pour beaucoup encore en plein dépouillement des européennes au sein de leurs bureaux de vote ce dimanche soir, et qui découvrent, effarés et en colère, la décision présidentielle. Les résultats ne sont pas encore définitifs mais à minuit et une minute, ils ne sont déjà plus députés. Et beaucoup savent que la campagne à venir sera vaine, parce que la vague, ou plutôt les vagues populistes, sera trop forte.

Nos militants, eux, sont soufflés. À peine sont-ils sortis d'une campagne européenne éreintante que nous leur demandons de remettre ça dès le lendemain. C'est à eux que j'écris immédiatement. On réserve aussi un photographe et mon imprimeur, décisions stratégiques si on veut des tracts, des affiches, des bulletins de vote livrés à temps. Dans la foulée, j'écris mon premier tract afin d'être présente partout sur le terrain dès le premier week-end. Une campagne, c'est d'abord ça : de la méthode, de l'organisation, du calme. En avions-nous collectivement assez ? Sans doute pas.

Ce soir-là, la dissolution n'est pas réellement expliquée aux Français. Il est fait référence à un « temps de clarification », à un « acte de confiance en la capacité du peuple français à faire le choix le plus juste pour lui-même et pour les générations futures ; confiance en notre démocratie ».

Ce « pourquoi » va hanter les quatre semaines qui nous séparent du second tour, fixé au 7 juillet. L'explication, le président nous la livre le soir même. Il convoque tout le gouvernement à l'Élysée à 22 heures. Certains n'ont pas le temps d'arriver. Trop loin de Paris, retenus dans leurs circonscriptions, à moins qu'ils n'aient pas forcément envie d'être présents. Je sors du plateau de CNews et je préviens le prochain média prévu que j'arriverai tard... promesse que je tiendrai en me rendant sur le plateau de BFM TV vers minuit.

Dans le salon des Aides de camp, les visages sont fermés et les propos, raides : « À force d'avoir mis cette idée dans la tête du président, tu nous as tous flingués », lancent à la cantonade ceux qui cherchent des responsables et ne se gêneront pas pour les jeter en pâture. D'autres sont déjà en quête d'une circonscription favorable quitte à avoir la tête d'une des députées les plus expérimentées et loyales (on veut bien aller au combat mais pas à n'importe quel prix...).

Alors pourquoi ? Pour le président, la dissolution est la seule réponse politique pertinente et exigeante. Le changement de gouvernement ?

Insuffisant et injuste. Est-ce l'équipe sortante qui a été sanctionnée ? Emmanuel Macron lui-même ? La politique que nous menons depuis sept ans, depuis la réélection de 2022 ou depuis la nomination de Gabriel Attal à Matignon, en janvier ? Un référendum, non plus, ne résoudrait rien au fond. Il imposerait seulement une nouvelle question sans répondre à la précédente.

Restait alors la dissolution. Seulement la dissolution. Pour purger. Pour avoir le cœur net quant à la volonté réelle ou supposée des Français de faire accéder le Rassemblement national au pouvoir, de voir ses membres gouverner, eux sur lesquels tout glisse toujours impunément. Procès, condamnations, outrances, incompétence, tout passe tant qu'on n'a pas exercé de responsabilités. Purger aussi, en miroir, notre capacité à nous relever et à repartir au combat. Tester les loyautés. Et sans nul doute, espérer la dislocation de la gauche et que le cartel de ses composantes ne se reforme pas. Il aurait fallu pour cela interroger les parlementaires... C'est tout l'inverse qui s'est produit : la gauche unie s'est reconstituée plus vite que notre parti ne s'est, lui, organisé pour investir des candidats.

Depuis des semaines, cette hypothèse bruissait. Depuis des semaines, je la pensais prématurée, imaginant plutôt une dissolution de mi-mandat, après les Jeux olympiques et paralympiques et juste avant le débat budgétaire. Désormais, nous avons trois semaines jusqu'au premier tour. Trois semaines pour éviter notre extinction et les compromissions. On ne disparaîtra pas. Mais au prix de trop de confusions...

La dissolution nous percute tous de plein fouet. Nous sommes sonnés, ballottés entre doutes, amertume, colère et nécessité de les laisser de côté pour mener campagne. Quand on n'a que vingt et un jours, trente pour ceux qui se qualifieront au second tour, on ne peut pas se payer le luxe de les passer à ressasser. J'ai pourtant l'impression que nous perdons un temps que nous n'avons pas.

De son côté, Matignon ne répond plus. La coordination entre les partis de ce qui est devenu, de fait, « l'ex-majorité », patine sur la répartition des circonscriptions. Les multiples bonnes volontés qui enchaînent les congés sans solde, filent au QG pour aider, soutenir, mobiliser, et auxquelles je veux rendre hommage, ne suffisent guère à combler l'impréparation manifeste. Il faut dix jours par exemple pour avoir une plateforme capable d'enregistrer les procurations, autant dire une éternité étant donné nos délais de campagne. Je persiste à penser que le président ne pouvait pas imaginer une telle désorganisation. Sa décision n'a rien d'un coup de tête irréfléchi. Il sait parfaitement les conséquences qu'elle entraîne et en mesure le risque. La colère devrait plutôt se diriger vers ceux qui n'avaient pas anticipé une décision que beaucoup estimaient pourtant inévitable. Vers les tireurs couchés prompts à régler des comptes plutôt qu'à mener le combat. En campagne, on serre les dents, on se tait et on bosse.

Sur le terrain, la lutte est âpre. Moi qui aime plus que tout « être en campagne », je vis celle-ci comme une bataille imposée. Je ne ressens pourtant aucune hostilité ou agressivité. Je crois même qu'on éprouve pour nous de la compassion face à un choix dont les Français savent que nous le subissons. Chaque jour, pendant quatre, cinq ou six heures, j'écume en porte-à-porte les cinquante et une communes de ma circonscription des Yvelines. J'enchaîne les événements, les réunions en petit comité, les mobilisations de terrain. Mon équipe s'est reconstituée immédiatement. Je vois par ailleurs l'attitude de beaucoup changer : des élus locaux, notamment, qui face à la montée du RN, font un choix clair dès le premier tour. J'affronte en outre des adversaires fantômes : le candidat de La France insoumise (LFI) était encore inéligible une semaine avant le déclenchement des élections législatives ; celui du RN n'affiche même pas son visage sur ses tracts.

Pourtant, même dans ce territoire où le taux de chômage n'a jamais été aussi bas, où nous avons rouvert et renforcé des services publics, recréé de l'emploi, soutenu les artisans, commerçants, agriculteurs, c'est difficile. La montée du RN est portée par un ressentiment diffus face aux peurs multiples qui s'expriment au quotidien. Nous avons su évacuer celle du chômage mais d'autres angoisses ont pris le pas et se cumulent et elles sont existentielles : déclassement, dépossession, angoisse écologique, immigration, islamisme, appauvrissement... Les Français ne voient plus le chemin du progrès et se persuadent que la vie de leurs enfants sera aussi difficile que la leur, si ce n'est plus. Nous laissons le RN gagner parce que nous ne nous sommes pas mis en capacité de construire un récit alternatif. Nous ne faisons que tenter de répondre à celui qui nous est imposé. Et forcément, nous répondons à côté.

Le front républicain ne fera qu'ajouter de la confusion.

2

Le front républicain a-t-il encore un sens ?

Au soir du premier tour des élections législatives, une déferlante bleu marine s'abat. Trente-neuf députés RN sont élus ou réélus d'emblée. Nous sommes souvent tout simplement effacés de la carte : dans de trop nombreux départements ruraux, le parti de Marine Le Pen réussit à caracoler en tête sur l'ensemble des communes. Cela confine au plébiscite. La dissolution devait purger cette question. Au soir du premier tour, cela semble être le cas. Et beaucoup tremblent.

Inévitablement, se pose alors la question des désistements en vue du second tour. Il faut garder en tête que les législatives sont une course contre la montre. Entre le premier et le second tour, nous n'avons qu'une semaine. Dès le lundi, si nous sommes qualifiés et souhaitons nous maintenir au second tour, nous devons déposer notre dossier en préfecture. Tous les documents de campagne sont attendus chez l'imprimeur le même jour. C'est donc entre le dimanche soir et le lundi après-midi que nous avons à répondre aux questions les plus stratégiques : faut-il se maintenir partout où nous avons la capacité de le faire ? Assumer le cas par cas ? Nous désister systématiquement là où le RN est en tête ?

La position va changer tout au long de la soirée, ce dimanche 30 juin. Quelques minutes avant 20 heures, nous organisons un calage entre tous ceux qui seront amenés à s'exprimer sur les plateaux, soit quelques membres du gouvernement et députés – peu se précipitent les soirs de défaite. Je crois d'ailleurs qu'ils ont tort : c'est justement dans ces moments que l'on juge de la solidité des uns et des autres... Je suis déjà arrivée dans les locaux de BFM TV et la programmatrice est à deux doigts de m'arracher mon téléphone des mains pour que j'entre sur le plateau à l'heure dite, mais nous n'avons toujours pas acté de position. Je redemande alors très clairement si nous assumons de ne pas nous désister au profit de La France insoumise. Je rappelle Gabriel Attal pour en avoir la confirmation.

À 19 h 58, la réponse est oui.

Le plateau est éruptif. Le RN pense sa victoire acquise et se complaît dans une arrogance que ses membres nous ont pourtant tant reprochée. La gauche se drape dans de prétendus principes, oubliant son alliance déshonorante avec Jean-Luc Mélenchon. Et nous, nous sommes sonnés. La majorité absolue est hors de portée et la majorité relative semble être une marche bien trop haute. Mais nous n'avons pas disparu.

Reste alors à assumer une ligne claire.

Je sors du plateau de BFM TV, remonte en voiture et file vers celui de France 2. Quelques secondes après mon entrée, Gabriel Attal s'exprime en direct depuis Matignon. La ligne a radicalement changé. Le désistement devient systématique si le RN est en situation de l'emporter. Systématique. Même si c'est au profit de La France insoumise, donc. Il s'agit de voter « pour les candidats qui défendent la République (face au RN) ; le choix de la responsabilité et le choix de l'honneur ». À côté de moi en plateau, Marine Tondelier, la secrétaire nationale du parti Les Écologistes, s'en félicite et loue la clarté de cette annonce, prête à me remercier comme si, mécaniquement, cette ligne devenait la mienne.

En arrière-plan, France 2 diffuse les images d'une manifestation parisienne, à l'appel unitaire de la gauche. À l'écran, seuls des drapeaux palestiniens apparaissent. Je suis hors de moi. Laurent Delahousse me donne la parole. Je décide de tenir ma propre ligne et je refuse d'épouser celle d'un autre, fût-ce le Premier ministre.

Ma position est claire et le restera : ni RN ni LFI. Je ne l'ai jamais regrettée. Nous serons quelques-uns à l'assumer clairement, notamment Bruno Le Maire et Gérald Darmanin. Et si de nombreux « cadres » nous sont tombés dessus pour cela, pas un Français, pas un électeur ne nous l'a reproché. Bien au contraire.

Trop de lignes rouges ont été franchies par les Insoumis tout au long de ces deux dernières années. Des dérapages que nous n'aurions tolérés d'aucun autre parti et avec lesquels aucune complaisance ne devrait être possible.

Ceux qui tournent en dérision systématique nos institutions et notre Assemblée, ceux qui insultent, bordélisent et servent de paravent si confortable à Marine Le Pen, ceux qui acclament dans l'hémicycle un homme condamné pour violences conjugales sans jamais avoir eu un mot de compassion et d'empathie pour celle qui a été frappée[1], ceux qui instrumentalisent la situation aux Proche et au Moyen-Orient et alimentent la montée insupportable de l'antisémitisme sur les réseaux sociaux, dans nos rues, dans nos universités et même dans nos écoles, ceux qui refusent de dire que le Hamas est une organisation terroriste qui a perpétré le pire pogrom de notre siècle, le 7 octobre 2023 en Israël... Jusqu'où cette liste devrait-elle continuer pour qu'on mette LFI au ban de « l'arc républicain » ? Combien de limites faudra-t-il que ses membres franchissent encore ?

Que la gauche avale des couleuvres, c'est bien son affaire. Même s'il est insupportable de voir ses représentants s'en tirer à si bon compte : un tweet pour se donner bonne conscience et dénoncer la énième saillie de Jean-Luc Mélenchon, et le lendemain ? Tous à la niche... ou plutôt à la gamelle ! Mais nous ? Nous, comment avons-nous pu renoncer ? Comment avons-nous pu leur redonner en une soirée des brevets de respectabilité ? LFI, c'est avant tout le parti de la dilution de la nation.

1. Voir au chapitre 5.

Ce débat, nous l'aurons. Mais au lendemain du premier tour. Trop tard donc pour en changer l'issue, la ligne ayant déjà été annoncée.

L'ensemble des membres du gouvernement sont conviés à l'Élysée le lendemain du premier tour. Dans cette magnifique salle des fêtes, près de la verrière bleu, blanc, rouge, l'immense table rectangulaire est dressée. Il y a ceux qui sont défaits dès le premier tour, condamnés qu'ils ont été à se démettre en étant arrivés en troisième position. Il y a ceux qui ont l'impression d'avoir survécu à une immense lessiveuse en se qualifiant pour le second tour.

Le débat s'engage et devient très vite un référendum pour ou contre le désistement systématique. Et pour la première fois depuis 2017, je vois réapparaître le clivage droite-gauche, qui s'était amenuisé avec l'élection d'Emmanuel Macron mais se révèle, ce soir-là, profondément ancré. Aucune exception dans les prises de parole qui s'enchaînent : à gauche, le désistement systématique l'emporte ; à droite – et ses représentants sont nettement plus nombreux désormais autour de la table –, un « ni-ni » systématique est revendiqué.

Mais une question plus profonde n'a pas été abordée : le front républicain a-t-il encore du sens ? N'est-ce pas terriblement infantilisant pour les Français, les électeurs, comme s'ils étaient d'éternels adolescents, immatures, incapables de choisir par eux-mêmes, de faire la différence entre les candidats ?

N'est-il pas aussi une victoire de la confusion politique ? Quand des candidats LFI se retirent face à ceux qui ont porté la réforme des retraites ou la loi immigration, et que des candidats du bloc central s'effacent face à ceux dont ils dénonçaient hier l'antisémitisme, cela ne revient-il pas à renforcer le narratif de l'extrême droite, qui parle de « combine politique » et de « petits arrangements » ? Comme si la vie politique n'était qu'un vaste théâtre d'ombres, le choix du « moins pire », sans conviction ni colonne vertébrale. Comme si nous étions tous interchangeables.

On m'opposera qu'au soir du premier tour, seul le RN avait encore la capacité d'obtenir une majorité absolue. C'est vrai. Mais participer à faire élire nos adversaires d'hier ne garantit pas la défaite à moyen et long terme de l'extrême droite. Je crains au contraire que cela ne fasse qu'accélérer son arrivée au pouvoir, en renforçant son discours et sa légitimité.

Certains inventeront la fable selon laquelle seule cette stratégie nous aurait permis de ne pas revenir complètement défaits. Il n'y aura malheureusement jamais moyen de démontrer l'inverse.

Je crois, au fond, que nous avons plongé dans un abîme de confusion. Combattre le RN en appelant à voter LFI ne pouvait conduire à un autre résultat. Un péril combattu par un péril ne conduit qu'au péril. La dissolution pouvait et devait permettre une clarification ; le front républicain a empêché qu'elle existe.

3

Un nouveau gouvernement

Au lendemain des élections législatives, nous avons perdu 79 députés au sein de l'ancienne majorité présidentielle, le RN a réussi à réunir 11 millions d'électeurs et aucune majorité n'existe.

Je repense aux mots que j'ai employés avec mes deux belles-filles : « Si personne n'a la majorité, alors c'est un peu compliqué. » Ça se complique d'autant plus quand ceux qui n'ont pas la majorité revendiquent une victoire qu'ils n'ont pas obtenue. Et quand ceux qui ont perdu n'assument pas pleinement leur défaite, au motif qu'elle aurait sans doute pu être plus grande encore.

Sans que personne le sache, s'ouvre alors une séquence qui va durer trois mois. En quelques jours, nous devenons un gouvernement démissionnaire, chargé selon la formule consacrée d'« expédier les affaires courantes ». Les Assises de lutte contre l'antisémitisme que j'avais lancées quelques semaines plus tôt[1] sont brutalement interrompues. Elles me semblaient pourtant malheureusement nécessaires. Le plan de lutte contre le système prostitutionnel, pour lequel j'avais bataillé afin d'embarquer de grands groupes privés et des collectivités locales au moment des Jeux olympiques et paralympiques, sera annoncé... mais sans moi et sans la presse. Autant dire que personne n'en entendra parler... « Expédier les affaires courantes » signifie en vérité se retrouver dans un champ extrêmement contraint et limité, très inconfortable pour les membres du gouvernement comme pour nos administrations.

La seule certitude alors est qu'un changement de Premier ministre et de gouvernement est inévitable. Nous avons perdu sèchement et nous ignorons à ce stade si un seul d'entre nous participera à la future équipe. Et même si cela serait souhaitable.

Les élections législatives n'ont jamais eu pour vocation l'élection d'un Premier ministre. Celui-ci est nommé, issu de la première force politique parlementaire ou de la plus grande coalition. Il n'est

1. Voir au chapitre 10.

pas choisi par les Français. C'est une fable que les partis populistes tentent d'instiller, LFI ayant voulu imposer Jean-Luc Mélenchon en 2022, puis le RN poussant Jordan Bardella en 2024. C'est une pure dénaturation de nos institutions, de nos règles électorales et de leur esprit. Le Nouveau Front populaire (NFP) va aller plus loin : après les élections législatives, les dirigeants des quatre partis politiques qui composent cette alliance électorale tentent d'imposer aux Français et au président de la République la nomination d'une Première ministre dont le nom est sorti du chapeau trois semaines après les résultats ! C'est ainsi que les Français verront Manuel Bompard (LFI), Olivier Faure (PS), Fabien Roussel (PCF) et Marine Tondelier (Les Écologistes) entourer Lucie Castets, nouvelle égérie de la gauche, lors d'une rencontre avec le président de la République.

Les mêmes qui nous disaient illégitimes en 2022 avec 250 élus se croient aujourd'hui hégémoniques avec 190 députés. Et le président ne serait plus qu'un simple exécutant de leur volonté.

La question qui va se poser est donc simple : puisque aucun camp ne sait compter jusqu'à 289 députés, la barre pour construire une majorité absolue, des forces politiques raisonnables et responsables réussiront-elles à dépasser les 190 ? Une autre et plus large coalition est-elle possible ?

Tout au long de l'été, nous sommes nombreux à l'espérer et quelques-uns à nous y employer. Je revois en ce début du mois d'août deux hommes hors de la majorité présidentielle que j'estime et qui sont prêts à assumer de devenir Premier ministre : Xavier Bertrand et Michel Barnier.

Xavier Bertrand est celui qui fait le plus ouvertement acte de candidature. Je pense qu'il a raison. Dans un temps qui n'a jamais été aussi contraint politiquement et budgétairement, nommer à Matignon quelqu'un qui en a envie et qui s'y prépare me semble déterminant. Avec sérieux et opiniâtreté, il travaille tout l'été à la construction d'un budget, aux réformes à engager, aux alliances à nouer. Il connaît bien les parlementaires. Je me souviens d'ailleurs que, alors que j'étais nouvelle députée, il m'avait appelée après un rapport que j'avais conduit, pour m'en féliciter. Je ne suis pas la seule à avoir reçu ce type d'appel qui entretient un lien de respect et de connivence. J'avais été sa stagiaire quelques années auparavant et j'ai en mémoire sa force de travail colossale.

Je me rappelle les discussions approfondies que nous avons eues en août, comme sur le chantier de la « Solidarité à la source » que j'avais préparé au ministère des Solidarités et qui a malheureusement été interrompu. C'est un instrument majeur de transformation des politiques publiques, de lutte contre la pauvreté et la fraude, mais aussi contre l'injustice qui fait que dans de trop nombreux cas le travail paie moins que l'inactivité.

Pendant les Jeux olympiques, je revois également Michel Barnier. Il vient lui aussi déjeuner au ministère. Il a l'épaisseur, l'expérience, la hauteur de vue, et l'habilité politique (que beaucoup lui reconnaîtront après sa nomination). Il m'interroge surtout sur la composition de l'Assemblée, les rapports de force internes au sein de l'ancienne majorité présidentielle et les annonces qui me semblent prioritaires. J'insiste sur le travail et sur la nécessité de la réunion rapide d'une conférence sociale avec les partenaires sociaux ; et sur la lutte contre toutes les formes de violence alors que nous devrions être dans un moment de bascule historique et de prise de conscience collective. Il est toujours respectueux, toujours à l'écoute et le restera. Sur le moment, son absence d'ambition personnelle me paraît lui permettre d'assumer un agenda courageux et réformateur.

La gauche torpillant d'elle-même la candidature de l'ancien Premier ministre socialiste Bernard Cazeneuve, seule la nomination d'une personnalité de droite devient possible. Il faut quand même s'arrêter sur ce moment où la gauche préfère se soumettre à LFI plutôt que de renouer avec l'exercice du pouvoir. Pour maintenir l'unité d'une alliance politiquement déshonorante et aux ambiguïtés programmatiques majeures, le PS refuse de soutenir le dernier Premier ministre de François Hollande. Il est vrai qu'il est l'un des rares à avoir dénoncé l'accord du NFP. Il reste le ministre de l'Intérieur des attentats de 2015 et 2016, un authentique républicain.

Ce refus est un rappel clair pour tous ceux qui espèrent que la gauche pourra retrouver la voie de la raison, de la responsabilité et de la République. Il faut se souvenir de ce moment. Et cesser d'espérer pour elle ce dont elle est aujourd'hui incapable.

La clarification n'ayant pas lieu à gauche, peut-elle alors s'opérer à droite ? Les Républicains (canal historique), qui hier refusaient toute éventualité d'entrer au gouvernement, y succombent évidemment aussitôt la nomination de Michel Barnier actée.

Pour nous qui avons été membres d'un gouvernement démissionnaire pendant de très (trop ?) nombreuses semaines, ce dénouement est avant tout un soulagement. Moi qui ai plaidé tôt dans l'été pour une alliance gouvernementale avec les LR, j'y trouve une cohérence évidente. Elle doit permettre de garantir au pays une stabilité politique et institutionnelle appuyée sur plus de 230 députés, bien au-delà du nombre d'élus NFP, et surtout une stabilité économique et fiscale.

Le président nous réunit à l'Élysée le soir de la passation de pouvoir entre les deux Premiers ministres. Une ambiance étrange se dégage des salons : les uns savent que cette nomination leur ôte toute fonction officielle puisqu'ils ont perdu aux législatives, d'autres espèrent rester au gouvernement, certains enfin redoutent cette future coalition, son projet tout autant que sa durée et le sort de notre identité dans ce moment si singulier. Cette soirée a un arrière-goût de nostalgie. Comme si nous nous retrouvions une dernière fois « entre nous » auprès du chef de l'État, pour clore une période qui appartiendrait déjà au passé. On trinque mais personne n'est dupe. Polis et souriants, mais le cœur un peu lourd.

Se pose forcément la question de ma participation ou non à ce gouvernement. Les périodes de remaniement sont toujours éprouvantes. Et après sept ans de vie parlementaire et gouvernementale, je n'ai toujours pas trouvé le mode d'emploi pour y résister. Votre nom écrit dans la presse (pour vous placer parfois à des endroits improbables ou surtout pour vous écorner), vos espoirs et vos déceptions, vos frustrations de voir d'autres être nommés, votre reconnaissance d'être choisi et le soulagement, là encore, quand, quelle que soit la décision, cette parenthèse qui vous semble interminable se referme.

J'ai fini par comprendre une seule chose : la formation d'un gouvernement est une sorte de Rubik's Cube ; une pièce se décale et c'est tout l'édifice qui devient bancal, vous entrez ou vous êtes éjecté. Parfois jusqu'à la dernière minute. Ce n'est pas un bulletin de notes avec des critères objectifs, pas une grille d'évaluation, ni de qui vous êtes, ni de ce que vous faites. Il faut toujours le garder en tête pour résister aux déceptions et éviter de succomber à l'euphorie. Il faut être honnête d'abord avec soi-même. Savoir ce que l'on veut, pourquoi on le veut. Il est quand même particulièrement savoureux de voir ceux qui appelaient à la nomination d'un Premier ministre de gauche se rouler par terre pour rester dans un gouvernement dont Bruno Retailleau devient le ministre de l'Intérieur. Ceux-là doivent être d'excellents contorsionnistes. Ou avoir de bons ostéopathes.

La formation de ce gouvernement est encore plus singulière. Il n'est pas question ici d'un remaniement mais de la création d'une nouvelle équipe, qui doit marquer une rupture par rapport aux précédentes mais qui ne peut avoir comme principal appui que notre groupe parlementaire.

J'ai été honnête avec moi-même. J'ai dit que je souhaitais rester et où j'estimais que cela avait du sens. Et j'ai dit aussi que je ne souhaitais pas rester à tout prix et n'importe où.

Le 21 septembre, je redeviens donc députée.

4

Les combats d'une époque

En redevenant députée, je recouvre aussi toute ma liberté et j'ai bien l'intention d'en user.

En sept ans, j'ai été tour à tour députée, porte-parole du groupe parlementaire et du parti, et si en 2022 j'ai refusé d'entrer au gouvernement en tant que ministre des Relations avec le Parlement, préférant la voie de l'élection pour la présidence du groupe parlementaire, j'ai été par la suite deux fois ministre, aux Solidarités et aux Familles puis à l'Égalité entre les femmes et les hommes et à la Lutte contre les discriminations. Et je le suis donc redevenue la veille de Noël 2024.

Une fois que j'ai été ministre, et à ce moment-là seulement, j'ai mesuré à quel point ces rôles étaient par nature différents. La dimension politique persiste évidemment, mais la charge d'une administration, la nécessité d'arbitrages interministériels constants, la solidarité gouvernementale en font une fonction à part. Qui nous retire de la liberté tout comme elle nous confère une puissance tout autre, si et quand vous avez la confiance et le soutien du Premier ministre et du président de la République.

Alors que je l'avais souhaité ardemment au cours du mandat précédent – sans doute trop, d'ailleurs –, je me suis longtemps interrogée avant d'accepter d'entrer au gouvernement en 2023. Quitter la présidence du groupe Renaissance, c'était me délester du poids politique qu'elle me donnait et de la liberté que j'y assumais – individuelle et collective avec nos députés. Mais entrer au gouvernement, c'était porter des politiques publiques qu'il fallait construire et défendre, sur des enjeux au cœur de la vie des Français, de leur quotidien et de leurs attentes.

Je savais que si Élisabeth Borne était confirmée en tant que Première ministre, elle voulait m'avoir à ses côtés[1]. Pour la complicité et la confiance que nous avions nouées et pour le sens politique et la force médiatique qu'elle me reconnaissait. J'ai tant

1. Nommée à Matignon le 16 mai 2022 après la réélection d'Emmanuel Macron, Élisabeth Borne a conservé son poste après les législatives de juin, puis après la réforme des retraites en 2023. Elle a démissionné le 8 janvier 2024.

appris avec elle. Elle est une belle, une très belle rencontre. De celles qui vous permettent d'apprendre de vous-même et d'être toujours plus exigeante. Ensemble, nous avons travaillé main dans la main, notamment pour la réforme des retraites. C'était un moment de tension absolu, où on a pu constater qui s'engageait et qui préférait éviter les balles perdues, y compris au sein du gouvernement. Distinguer ceux qui avaient du courage et du caractère de ceux qui avaient juste peur de l'opinion publique. J'ai mesuré à travers elle qu'il existait de sincères serviteurs de l'État, qui savent faire passer leurs intérêts individuels au second plan. Elle est l'une des (trop) rares dans ce cas.

Un épisode l'illustre particulièrement, tout comme il éclaire sur l'attitude du président de la République.

La journée du jeudi 16 mars 2023, qui s'est conclue par l'engagement par le gouvernement du célèbre « article 49-3 » sur la réforme des retraites, a été l'une des plus sidérantes de ma vie politique. Depuis des jours, au sein du groupe Renaissance que je présidais, nous comptions et recomptions les votes supposés des députés LR sur lesquels nous pensions pouvoir nous appuyer. Les rapports directs entre parlementaires, au-delà des présidents de partis et de groupes avec lesquels nous échangions constamment, sont précieux dans de tels moments. Nos chiffres n'étaient pas les mêmes que ceux du gouvernement. Ce fameux jeudi, nous nous sommes retrouvés trois fois en réunion à l'Élysée avec le président de la République pour savoir quelle attitude adopter. Au fil de la journée et de l'incertitude grandissante du vote des LR, nous étions de moins en moins nombreux autour de la table à plaider pour aller au vote. Lors du dernier tour de table, quelques minutes à peine avant la reprise de la séance à l'Assemblée nationale, nous n'étions d'ailleurs plus que deux : Gérald Darmanin et moi-même.

Je demeure aujourd'hui convaincue que nous aurions dû prendre le risque de ce vote. Parce que c'était la volonté des députés du groupe Renaissance, qui avaient essuyé avec courage critiques et même insultes et menaces. Parce que cela aurait renvoyé l'image d'un exécutif soucieux et respectueux du Parlement, quelle qu'en soit l'issue. Parce que je reste intimement persuadée que nous aurions remporté ce vote et que les députés LR qui annonçaient un vote négatif n'auraient sans doute pas osé appuyer sur le bouton, par crainte de ne pas pouvoir le justifier auprès de leurs électeurs.

Même si je suis en désaccord avec cette décision, je sais qu'Élisabeth Borne et le président de la République ont arbitré sans penser à leur intérêt personnel. La Première ministre savait que monter à la tribune pour avoir recours au 49-3 la marquerait au fer rouge mais elle avait cette dimension presque sacrificielle. Elle était là pour servir et l'assumait pleinement. Quant au chef de l'État, il avait conscience que le 49-3 lui serait directement reproché et que procéder au vote, quelle qu'en soit l'issue, aurait renvoyé une image bien plus flatteuse d'un exécutif à l'écoute. Ils ont arbitré parce que cette réforme était la seule qui protégeait à la fois notre système de retraites et le pouvoir d'achat de nos aînés. Ils ont arbitré du fait des contraintes budgétaires et économiques de la France. Ils n'ont pas voulu courir le risque de se mettre dans la main de quelques députés LR. Je les comprends.

Cette discussion sur mon entrée au sein du gouvernement, je l'ai aussi eue avec le président de la République. Il me reçoit longuement à l'Élysée avant l'officialisation de ma nomination. Ce qui me frappe toujours chez lui, c'est sa maîtrise parfaite des enjeux que vous êtes supposé pourtant mieux dominer que lui. Sans cesse, il vous challenge, vous teste. Tant mieux. Pendant plus d'une heure, il me détaille ce qu'il attend de moi en tant que ministre. Sur le fond des réformes à engager, des batailles politiques à mener. Il insiste sur la nécessité d'être une véritable patronne de mon administration, de piloter directement. Il me dit aussi qu'il est plus que temps pour moi de rejoindre le gouvernement. J'y vois comme une reconnaissance implicite que cela aurait pu survenir plus tôt... Mais je ne regrette pas d'être allée systématiquement à la conquête des postes et fonctions que j'ai occupés. À chaque fois, je me suis battue avec mes propres moyens. Quasi seule. Pas pour moi. Pour l'idée que je me fais de la politique, pour les Français avec lesquels j'ai tant échangé et pour qui mon envie d'agir n'a fait que décupler.

En janvier 2024, c'est le président, et lui seul, qui me maintiendra au sein du gouvernement. Il me l'annoncera lui-même en me disant : « Je veux que tu portes un combat auquel tu crois », et ajoutant : « Il n'y en a pas trente-six qui peuvent. » Si le secrétaire général de l'Élysée Alexis Kohler a mis tant de temps ce 11 janvier 2024 à annoncer la liste des 17 premiers membres du nouveau gouvernement, je crois pouvoir dire que c'est parce que mon nom a bien été ajouté par le président.

Ce combat, avant tout intime et personnel, est celui de la lutte contre les violences faites aux femmes. Celui que j'ai vécu dans ma chair. Le président le sait puisqu'il est l'une des très rares personnes auxquelles je m'en suis ouverte[1].

Ce combat sera toujours le mien. Je le porte et je l'emporte avec moi dans un moment qui doit représenter un tournant historique pour notre pays avec ce qui est désormais baptisé le « procès Mazan ».

Mazan, du nom d'une commune de 6 000 habitants au cœur du Vaucluse, où des viols innommables ont été perpétrés contre Gisèle Pelicot, droguée par son mari pendant des années pour mieux la soumettre à des inconnus recrutés sur des sites de rencontres. Du nom d'un procès-fleuve où cinquante et un hommes se sont retrouvés sur le banc des accusés. J'espère surtout que ce nom restera associé au courage inouï d'une femme qui a permis à ce procès de devenir historique par son ouverture au public et donc à la presse.

Le nombre d'accusés nous démontre que les violences sexuelles sont systémiques et que, si

1. Lire au chapitre 5.

elles le sont, c'est bel et bien parce qu'elles se nichent au cœur de notre intimité. C'est un mari qui transforme sa femme en « poupée de chiffon » afin de mieux s'en servir et la servir à des dizaines d'hommes. Des hommes affreusement ordinaires, terriblement communs. Ce sont nos voisins, nos collègues, les pères de famille que l'on croise le matin à l'école, les amis invités à notre table. Ils sont artisans, retraités, commerçants, chauffeurs routiers, infirmier, ou même surveillant de prison. Au tribunal, ils se cachaient derrière leurs cagoules et leurs masques. Ont-ils seulement honte d'eux-mêmes ? Ont-ils honte de ce qu'ils ont voulu, désiré, volé et violé à Gisèle Pelicot ? Ou ont-ils seulement honte d'avoir été attrapés ?

Se nichent dans ce procès toute l'âpreté et la complexité des violences sexuelles : l'intimité, la notion de consentement, la non-reconnaissance des faits. Le viol reste le crime qu'on n'avoue jamais. Même ici, même face aux preuves accablantes, aux vidéos, alors que tant d'affaires de viols en manquent.

Mazan, maintenant que les sentences de culpabilité ont été prononcées – certains des accusés ont fait appel –, doit être le tournant qui permettra enfin de regarder en face les violences, de ne plus détourner le regard. Au miroir de ce procès, l'image renvoyée par notre société est insupportable. Affrontons-la. Nous devons aux victimes de nous hisser au niveau du courage de Gisèle Pelicot.

L'autre combat qui me guide n'est pas plus facile à appréhender. Car là encore, on détourne le regard. On le tient à distance pensant qu'après tout, il ne nous concerne pas. Oubliant que c'est notre humanité qui en dépend.

Depuis le 7 octobre 2023, notre pays, comme tant de démocraties, fait face à une vague intolérable d'antisémitisme, gorgée de fausses informations et de la haine d'Israël. Chaque Français juif est alors identifié à ce pays, et surtout à son Premier ministre. Le raccourci est insupportable. L'essentialisation des personnes devrait nous révolter. De même que nos compatriotes musulmans ne peuvent en aucun cas être tenus pour responsables des attentats terroristes islamistes, comment tenir nos compatriotes juifs pour responsables de la situation humanitaire à Gaza ? Comment par ailleurs peut-on comparer les deux situations, alors même que c'est Israël qui a été attaqué par la barbarie des terroristes du Hamas ? Des jeunes gens dans un festival, des familles pacifiques dans des kibboutz. Mille deux cents morts, des dizaines d'otages dont des bébés et des vieillards.

Des femmes systématiquement violées et mutilées. Comment ces massacres ont-ils pu générer une vague d'antisémitisme plutôt que de déclencher des mouvements massifs d'empathie et de solidarité ? N'étions-nous pas soulagés de voir le monde à nos côtés après la série d'attentats que notre pays a connus en 2015 ?

Si nous abandonnons ces combats, ce sont nos valeurs et nos principes que nous fragilisons. C'est notre pacte social que nous renions. C'est notre cohésion en tant que nation et notre démocratie que nous affaiblissons. C'est aussi ce que la France a encore à dire au monde que nous ternissons.

Ces causes, nous ne pouvons pas non plus les abandonner à une extrême droite opportuniste qui préfère faire du drame épouvantable de la mort et du viol de la jeune Philippine[1] un réquisitoire anti-immigration plutôt qu'un enjeu majeur de lutte contre la récidive en matière de viol. Ni les laisser à une extrême gauche qui a participé à légitimer la parole antisémite.

Ces combats nous appartiennent. Ils doivent permettre un temps de ressaisissement collectif.

1. Philippine, étudiante de dix-neuf ans retrouvée morte dans le bois de Boulogne, à Paris, le 21 septembre 2024.

Deuxième partie

Des combats pour nos valeurs

5

« Je sais de quoi je parle »

Ce jour-là, j'ai craqué.

En politique, c'est hautement déconseillé. Surtout aux femmes. En me montrant fragile, ou juste humaine, en ne réprimant pas les larmes qui me montaient aux yeux, je me suis exposée. Moi qui présidais alors le premier groupe parlementaire de l'Assemblée nationale, cette prétendue « faiblesse » m'a sortie du code non écrit selon lequel la politique est un combat. Sous-entendu : un combat viril.

Rien n'était pourtant prémédité.

Nous sommes le mardi 7 mars 2023 et dans l'hémicycle, en réponse à l'interpellation d'une députée LFI qui m'accuse d'instrumentaliser la question des violences conjugales, je lâche ces mots : « Je n'instrumentalise pas ce combat car je sais de quoi je parle ! Personne ne sait, ici, ce que nous pouvons vivre ou ce que nous avons vécu dans l'intimité. Oui, je sais exactement de quoi je parle quand j'évoque les violences conjugales. Je sais de quoi je parle et peut-être est-ce le cas de beaucoup, ici, qui n'en ont pas fait étalage, qui n'avaient pas forcément envie d'en parler. Mais entendre, intervention après intervention, remettre en cause ma sincérité dans ce combat, je ne peux pas le laisser passer. »

Ce cri du cœur, je le lance en début de soirée au terme d'une séance particulièrement éprouvante et houleuse. Les députés examinent une proposition de loi déposée par mon groupe, dont je suis à l'initiative, visant à étendre la peine d'inéligibilité aux coupables de violences aggravées. Cela signifie que les juges pourraient demain ajouter une peine rendant inéligibles les personnes condamnées pour des faits de violences, notamment intrafamiliales et conjugales.

Puisque ce texte m'a valu des soupçons d'opportunisme politique, eh bien je l'assume : oui, j'ai rédigé cette proposition de loi parce qu'un député, condamné pour violences conjugales[1], a fait son retour sur les bancs du Palais-Bourbon un mois plus tôt. Discrètement présent en commission depuis janvier, il intervient en séance le 7 février 2023, en plein débat sur la réforme des retraites, donc dans un moment de tension inouïe.

Un homme qui a levé la main sur son épouse peut-il revenir parmi nous comme si de rien n'était ? Nous sommes nombreux, interloqués et choqués, à penser que c'est trop facile et surtout trop indécent. D'autant que, s'il ne siège pas à sa place habituelle (son groupe l'a hypocritement suspendu pour quatre mois), ses collègues LFI l'entourent ostensiblement avant qu'il ne s'exprime. Et pas n'importe lesquels, les plus proches de Jean-Luc Mélenchon : Sophia Chikirou et Sébastien Delogu. Le moment n'est pas choisi au hasard. Dans un hémicycle plein et surchauffé par la violence des échanges sur les retraites, il s'agit de montrer de façon visible le soutien dont il bénéficie de la

1. Le député LFI Adrien Quatennens, mis en cause par une main courante de son épouse, a été condamné le 13 décembre 2022 à quatre mois d'emprisonnement avec sursis et à 2 000 euros de dommages et intérêts pour préjudice moral. Les motifs de la condamnation sont « violences sans incapacité commises par conjoint » et « envoi régulier et malveillant de messages ».

part des siens. Soutien qui vient d'en haut : quels qu'aient pu être les débats sur son cas chez les Insoumis, qu'on se le dise, Jean-Luc Mélenchon accorde son appui à celui que l'on présente alors comme son héritier politique. Tout autre député du groupe aurait sans doute été sacrifié pour faire un exemple. À tout le moins, on lui aurait organisé un retour bien moins spectaculaire. Mais pas lui. Lui, c'est le fils, et on ne touche pas à la famille.

Et donc ce serait normal, chacun devrait s'y habituer ? Non ! Alors qu'il prend la parole très tranquillement, je lance que « c'est une honte ». Le député Pierre Cazeneuve (Renaissance) renchérit : « Ce qui se passe ce soir ne peut être passé sous silence. C'est scandaleux ! » Jamais je n'oublierai son expression sincère et salutaire. Comme moi, à gauche, plusieurs députées quittent leurs places, dont les écologistes Sandrine Rousseau, Marie-Charlotte Garin, Sophie Taillé-Polian et Sandra Regol, ainsi que la communiste Elsa Faucillon. Au sein de Renaissance, d'autres, ulcérés par ce comportement, tapent sur leurs pupitres et tentent de couvrir la voix du député.

Ses collègues, eux, se lèvent pour l'applaudir. Une forme de haie d'honneur. Mais quel honneur ? En acclamant un homme condamné pour avoir levé la main sur sa femme, quelle image renvoie-t-on à toutes celles qui ont été victimes ou qui le seront un jour ? Que leur dit-on, si ce n'est que la notoriété et la puissance effacent l'impact de l'acte et de la violence ?

Je sais bien que cela pose la question du droit à l'oubli. Une fois la peine purgée, tout citoyen ne doit-il pas pouvoir retrouver une vie normale ? Mais les termes du débat ne peuvent pas être les mêmes pour tout le monde. Et certainement pas dans le cas d'un élu, à qui l'accès privilégié à la parole publique confère une incroyable puissance qui peut être désastreuse. Ce jour-là, nous avons été nombreux à nous indigner et nombreuses à avoir eu mal dans notre chair.

*

Incarnée par ma proposition de loi, notre réponse politique est toute trouvée : étendre à tous les faits de violence, même quand ils n'entraînent pas une incapacité temporaire de travail de huit jours ou plus, la possibilité pour les juges de prononcer une peine complémentaire d'inéligibilité. Cela revient notamment à y inclure les violences intrafamiliales (sur enfant, conjoint ou ex-conjoint).

Pour l'exprimer plus simplement, tout auteur de tels faits pourrait ainsi risquer, outre les amendes et peines de prison déjà prévues par la loi, une interdiction de se présenter à une élection.

Le 7 mars 2023, j'aborde la discussion parlementaire de cette proposition avec confiance. Le travail préparatoire a permis de désamorcer des oppositions et les réserves juridiques sincères de certains. J'ai réussi à convaincre suffisamment de députés, au-delà de mon groupe, pour parvenir à une majorité nette en commission et en espérer une lors du vote en séance publique.

Mais rien ne se déroule comme prévu.

Dès le début, une altercation oppose Olivier Marleix, président du groupe Les Républicains (LR), au garde des Sceaux Éric Dupond-Moretti. Bras d'honneur, interruption des débats, rappels au règlement et retour en masse de députés jusque-là absents de l'hémicycle... Un changement d'humeur peut décider du sort d'un texte. Au sein du groupe LR, plusieurs collègues reviennent ainsi sur leur décision initiale de ne pas s'opposer à ma proposition et me préviennent.

Le climat devient lourd, étouffant. Je traverse en vérité la pire séance de ma vie parlementaire. Moi qui ai plutôt l'image de la force ou la pugnacité – ce qu'on me reproche même parfois... J'affronte l'hostilité et la violence de plusieurs députées, alors que je suis en train de défendre l'idée, à mes yeux évidente, qu'un homme condamné pour des faits de violence sur son propre enfant ou sur sa compagne ne mérite pas d'être un élu de la République.

Face à la meute déchaînée par cette séance devenue électrique, je me sens comme un animal traqué. C'est difficile à comprendre pour qui ne l'a jamais vécu, car les images ne reflètent pas ce que nous vivons réellement au cœur de cette arène. À l'Assemblée, les micros captent uniquement la parole de l'orateur sans restituer toute l'ambiance. Dans cette enceinte où tout semble si codifié, on peut subir, comme moi ce jour-là, de constantes interpellations, voire des insultes.

Je ne me souviens pas des mots employés et c'est sans doute mieux ainsi. Mais je n'ai pas oublié la violence des gestes, la volonté de couvrir ma voix et de me pousser à bout. Les cris incessants, l'agressivité physique lue sur des visages grimaçants. Sur le fond, je vois que le débat est en train de m'échapper. Après l'incident de séance, tout devient irrationnel. Au lieu de parler du texte, on est en train de gâcher un moment politique que je crois grave et important.

C'est là que je craque. Je me sens lourde, épuisée, à deux doigts de renoncer et de retirer le texte. Je préfère aller au bout parce que j'ai un message politique à faire passer. Mais soudain tout se confond avec mon histoire personnelle. Je n'avais pas du tout prévu de l'évoquer – sinon je l'aurais fait froidement et lucidement en montant à la tribune. Je vois les visages amis, ceux de mon groupe, qui ne me lâchent pas des yeux. Sylvain Maillard, Benjamin Haddad, Guillaume Kasbarian. Heureusement. Et je vois des femmes aussi, opposantes pourtant. Les écologistes Marie-Charlotte Garin et Sandra Regol, en particulier, sont restées avec moi dans l'hémicycle. Une lueur d'humanité dont je leur serai toujours redevable.

Je n'avais jamais publiquement évoqué mon cas personnel.

C'est comme un cri.

Depuis, à deux reprises, lors d'interviews télévisées, des journalistes m'ont repassé ces images de moi à l'Assemblée, sans me prévenir. Chaque fois, j'ai failli quitter le plateau, incapable de revivre ce moment, avec le sentiment qu'on me volait de nouveau mon intimité. Parfois, le débat politique vient s'imbriquer avec nos vies personnelles pour faire rejaillir ce qu'on a choisi de taire. Par pudeur, par dignité, par peur sans doute aussi. De même que le jour du retour du protégé de Jean-Luc Mélenchon, entre femmes sorties de la séance, nous n'avions pas eu besoin de nous parler pour comprendre ce qui nous liait. Car c'est une évidence statistique : parmi les 577 députés, il y a nécessairement des victimes. Et il y a aussi des agresseurs.

*

Je ne vais pas faire semblant de découvrir la violence du débat politique. Cette âpreté n'est pas nouvelle et j'y contribue sans doute moi-même. Mais il faut aussi regarder les faits en face sans se mentir. Ceux qui ont versé dans l'outrance, ce jour-là, ce sont les députés LFI. Et force est de constater que ce groupe, depuis 2022, a la volonté sournoise de radicaliser, de brutaliser la vie parlementaire et donc de la dégrader.

Or, cela a du prix, d'entrer dans cet hémicycle. Je le ressens chaque fois que je passe par les portes battantes pour rejoindre ma place. Ce lieu doit inspirer du respect et de la solennité. Cela n'interdit pas l'affrontement politique, la violence du choc des idées. Mais quand on en refuse les usages, comme celui qui consiste à se lever à l'entrée de la présidente de l'Assemblée nationale, quand on ne vient plus là que pour parler trente secondes pour une vidéo sur TikTok, on dénature la vie politique. Pire, quand le public ne retient que ces excès, il voit bien aussi, par contraste, le calme apparent des élus du RN.

En revendiquant la conflictualisation permanente, LFI leur bâtit une véritable rampe de lancement. Si ce n'est un tapis rouge. Nous devons refuser d'être pris dans cette tenaille et les affronter avec courage.

6

Cesser de détourner le regard

En quittant l'hémicycle ce 7 mars 2023, je n'ai qu'une hâte : rentrer chez moi, le plus vite possible. Retrouver ma famille, embrasser ma fille et dormir. La Première ministre Élisabeth Borne me téléphone, elle me dit des mots justes mais rien ne m'apaisera vraiment ce soir-là. Les nombreux appels venus de mon premier cercle mêlent les questions intimes aux manifestations de soutien. Cet étonnement inquiet, je le comprends autant que je m'y attendais, car les mots que je n'avais pas prévu de prononcer, livrés dans l'endroit le moins discret du monde, très peu de mes proches les avaient entendus de ma bouche auparavant. Ils se comptent sur les doigts d'une seule main. Le président en fait partie. Est-ce à cela d'ailleurs qu'il faisait référence lorsqu'il m'a nommée ministre de l'Égalité entre les femmes et les hommes en me disant : « Je tiens à ce que tu portes un combat auquel tu crois » ?

La parole des victimes crée toujours un malaise. L'entourage se sent démuni, incompétent. Il ignore comment aborder le sujet. Il cumule la honte de n'avoir pas vu, pas su hier, la peur de mal agir aujourd'hui, la colère contre celui qui a voulu nous briser.

Ce soir-là, je crains d'avoir effrayé mes proches, et surtout mes parents. Que je sais fragiles. C'est d'ailleurs cette pression permanente que ressentent celles et ceux qui parlent : en rompant le silence, on rompt la tranquillité et on se sent aussi coupable. Il m'avait fallu près de dix ans pour en parler avec eux. Je l'avais fait dans des termes sans doute insuffisamment clairs ou précis. Ils avaient compris, nous n'en avions plus reparlé. Je voulais que cela appartienne au passé et ne vienne plus jamais interférer dans nos relations. J'aurais préféré qu'ils ne regardent pas les images de l'Assemblée. Mais je sais que c'est impossible. À chaque fois que je vais chez eux, je vois bien que leurs dernières recherches sur Google me concernent...

Au-delà de ce cercle intime, je n'ai plus jamais abordé les violences dont j'ai été la victime. J'ai refusé toutes les sollicitations médiatiques à ce sujet. J'ai accepté la proposition de l'éditeur grâce auquel je publie ce livre aujourd'hui parce que j'ai eu confiance en lui. Parce que je savais que l'écrit m'autorisait, plus que l'oralité d'une interview, davantage de pudeur sur ce que j'acceptais ou non de dire et donc de dévoiler. La page imprimée permet aussi de reprendre le contrôle que j'ai eu le sentiment de perdre ce jour-là à l'Assemblée, dans un moment qui me renvoyait au statut de victime.

Je répugne à me qualifier ainsi et à être réduite à cela. Les femmes qui subissent des violences redoutent de se voir cataloguées, d'arborer pour toujours une étiquette sur le front qui, en les ramenant sans cesse à cette « identité » qu'aucune de nous n'a choisie, nie nos caractères, notre résilience, notre combat pour vivre au-delà des stigmates.

J'ai l'honneur d'être « leur » ministre. Et je pèse d'autant plus chaque mot que j'emploie, parce qu'il faut cesser de tout exiger des femmes. De les sommer de parler, de dénoncer, de porter plainte quand dans le même temps on leur demande, on nous demande de ne pas parler trop fort et d'attendre. Pour elles aujourd'hui, chaque jour, je me demande encore si je devrais porter plainte. Pour aider toutes les autres. Je n'ai pas encore réussi à répondre à cette question. Elle est personnelle, intime tout autant que familiale.

*

De cette séquence politique qui va du retour à l'Assemblée nationale d'un homme condamné pour violences conjugales au rejet de ma proposition de loi, je veux garder quelque chose de positif.

Je veux retenir que cette initiative prise par mon groupe parlementaire pour éclairer la société française sur la question des violences, notamment sexuelles, qui touchent très majoritairement les femmes et les enfants, n'est pas vaine. Faire de la politique demande une bonne dose de résilience, la capacité à encaisser et à se relever. Donc je passe à autre chose. Sans abandonner l'idée contenue dans le texte, à laquelle je crois toujours profondément.

Mais faire de la politique exige aussi de comprendre les raisons de nos échecs et de se remettre en question. Qu'avons-nous raté ? Qu'ai-je raté ? Au-delà de l'ambiance délétère de cette séance qui m'a échappé, ai-je su convaincre sur le fond ? Indispensable examen de conscience pour que l'idée aboutisse un jour, pour qu'on envoie enfin ce message simple et clair, aux victimes comme aux auteurs : une condamnation pour violences conjugales ou intrafamiliales vous disqualifie pour vous présenter devant les Français et faire de vous un élu de la République.

Ai-je bien fait de mentionner mon cas personnel et, si oui, devrais-je en dire plus ? Rappelons et respectons le fait qu'une victime s'exprime d'abord à son rythme. Elle parle quand elle veut, et surtout comme et quand elle le peut. Certaines ne le font jamais, d'autres n'y parviennent qu'après plusieurs décennies. Je me rappelle qu'à l'époque des faits, c'était pour moi impensable. Je voulais m'en débarrasser, en débarrasser ma tête, ma peau, je ne voulais pas que cela s'imprègne. Chacun réagit à sa manière, mais il nous appartient, à nous tous, de tendre la main et d'entendre.

Pour moi, parler exigerait forcément de livrer davantage de détails. Révéler qui, quoi et quand. Cela serait-il utile aux autres ?

Le seul sujet qui vaille, c'est la banalité affligeante des violences psychologiques, physiques et sexuelles aujourd'hui en France. Notre société doit cesser de détourner le regard. Non, une femme battue, isolée, rabaissée, humiliée, contrainte, violée n'est pas une affaire privée. C'est un combat qui nous regarde tous, chaque jour. Toute la société est concernée parce que toutes les femmes peuvent potentiellement devenir victimes. Certaines sont plus vulnérables que d'autres, c'est vrai. Pour celles qui vivent dans la rue ou en situation de handicap, les statistiques sont effroyables. Mais le contrôle coercitif, les coups et les viols pleuvent aussi sur des femmes puissantes, en pleine réussite professionnelle et parfaitement intégrées à la vie sociale. Il n'existe pas un seul type de victimes, pas plus que les agresseurs ne se rangent dans une seule catégorie.

Au lieu de nous étonner du silence des femmes, demandons-nous si la société les écoute suffisamment. Car en réalité, elles ont toujours parlé, porté plainte, milité, écrit des livres, témoigné, chacune à sa manière. Mais a-t-on envie de les entendre ? Pour celles qui ont le courage d'affronter leurs agresseurs au tribunal, les procédures sont longues, douloureuses et insuffisamment couronnées de succès. Certes, depuis une dizaine d'années, des étapes ont été franchies. Le recueil des plaintes par les policiers ou les gendarmes a radicalement changé. Les formations sont systématiques, les intervenants sociaux, de plus en plus présents en gendarmerie et en commissariat. Les médias évoluent en qualifiant de féminicide et non plus de « drame familial » ou de « crime passionnel » la mort d'une femme sous les coups de son conjoint. Dans l'opinion publique aussi, les mentalités changent.

Mais pas encore suffisamment. Combien de fois ai-je entendu : « C'était juste une claque ! Tout ça pour ça ? » Souvenez-vous aussi des propos de ce même député, trois ans avant sa condamnation, en réaction à la couverture des *Inrockuptibles* consacrée à Bertrand Cantat. En cet automne 2017, l'ancien chanteur de Noir Désir, le meurtrier de Marie Trintignant, fait la une du magazine, comme si de rien n'était. Depuis sa libération en 2010, il a d'ailleurs multiplié les disques et les scènes. Mais cette fois, au moment même où les articles de la presse américaine sur le producteur Harvey Weinstein déclenchent le mouvement #MeToo, cette médiatisation indigne nombre de femmes. Et qu'en pense Quatennens ? « Faire de Bertrand Cantat l'étendard des violences faites aux femmes est un peu opportuniste », déclare-t-il sur RMC. Non, lui avais-je alors rétorqué sur X : « On pleure Marie morte sous ses coups. » L'affaire Cantat est d'ailleurs éloquente. Nous parlons d'une femme tabassée, qu'il a laissé se vider de son sang toute une nuit. Mais face au chanteur et à son emprise médiatique, Marie Trintignant était toute petite. Elle n'était même pas une victime, elle devenait coupable.

Regardez encore les réactions massives à la suite de la condamnation en première instance de Nicolas Bedos – il a fait appel de cette décision. Son avocate a immédiatement réagi en ces termes : « Nous sommes dans une société où pour un baiser dans le cou ou une main posée sur un jean au milieu d'une boîte de nuit, on se retrouve condamné à porter un bracelet électronique pour une durée de six mois. » Reformulons : nous devrions donc accepter de nous faire embrasser de force et trouver normal qu'un homme pose sa main sur notre sexe ? Et s'il s'agissait de vous ? De votre fille ? De votre sœur ? De votre compagne ? Si la société autorise ce type de comportements, qui sont caractéristiques d'agressions sexuelles, alors elle crée une culture propice à leur propagation comme si elles étaient la norme.

Face aux agresseurs, surtout s'ils sont célèbres, on continue trop souvent à négliger leurs victimes.

En faisant mine de s'interroger : « Pourquoi est-elle restée ? Pourquoi n'a-t-elle pas parlé plus tôt ? » Et dès que des femmes s'expriment publiquement, le soupçon d'opportunisme apparaît. Chantage financier ou quête de notoriété, elles choisiraient de se livrer par pur intérêt – il suffit de lire le nombre de reproches adressés à l'actrice Judith Godrèche, accusée d'avoir « une série à vendre[1] ».

Cette petite musique est insupportable. Cessons de questionner les victimes ! Concentrons-nous sur les auteurs. Quelle femme a déjà gagné quoi que ce soit à porter plainte, à témoigner ? Professionnellement, médiatiquement, politiquement, financièrement ? Aucune, elles y perdent même souvent. De l'argent dans des procédures qui aboutissent trop rarement, du crédit dans des milieux professionnels très compétitifs. En réalité, le seul bénéfice est intime. Sauver sa peau, retrouver l'estime de soi, se réparer, éventuellement espérer créer un effet d'entraînement auprès d'autres victimes. Mais sinon ? Jamais une seule femme ayant dénoncé les agressions et violences sexuelles

1. Fin 2023, à l'occasion de la promotion de sa mini-série *Icon of French Cinema*, diffusée sur Arte, elle a évoqué sa relation subie, à l'adolescence, avec le réalisateur Benoît Jacquot. Le 8 février 2024, elle a déposé plainte contre lui pour viol, ce qu'il nie.

qu'elle avait subies n'a lancé ou relancé sa carrière grâce à cela. En politique, les huit élues et collaboratrices d'Europe Écologie Les Verts qui avaient accusé Denis Baupin de harcèlement sexuel et d'agressions, en 2016, n'en ont pas plus tiré avantage[1]. Et la justice vient juste de le débouter des plaintes en diffamation qu'il avait immédiatement déposées contre elles – huit ans après –, les « procédures bâillon » étant le pendant quasi systématique de la dénonciation des violences subies.

*

Le combat contre les violences est trop souvent ramené à la question unique des moyens. Elle est évidemment déterminante et tous les ministères sont concernés : pour mener des formations permanentes (policiers, gendarmes, magistrats, enseignants...), pour mettre en place des systèmes d'alerte (bracelets antirapprochement, « téléphones grave danger »...), pour accueillir les victimes en hébergement d'urgence, soutenir les associations,

1. Denis Baupin a été porte-parole du parti, devenu Les Écologistes, jusqu'en 2002, adjoint au maire de Paris jusqu'en 2012 puis député de 2012 à 2017. Il n'a pas été condamné lui-même pour ces faits qu'il a toujours contestés.

permettre l'accompagnement social, sanitaire et psychologique... Mais cet effort restera vain sans diffusion d'une véritable culture du respect.

En Espagne, à partir du tournant des années 2000, plusieurs affaires très emblématiques ont créé un déclic dans l'opinion publique. Cette prise de conscience a permis de déployer un véritable arsenal législatif et de diminuer fortement le nombre de féminicides, même si les résultats demeurent fragiles. Chez nous aussi, il est temps que la société regarde en face la réalité des violences.

Ne plus tolérer qu'un homme lève la main sur une femme, même pour « une simple gifle », impose de comprendre ce qui mène à ce geste et trop souvent à d'autres. Une femme ne se fait jamais tabasser aux premiers jours d'une relation, sinon elle partirait immédiatement. Évidemment, elle partirait. Le processus se met en place de façon beaucoup plus sournoise, progressive. Et efficace.

Je peux en témoigner. Le contrôle coercitif s'installe de multiples manières, une possessivité exacerbée, une surveillance de votre agenda, des centaines de messages reçus dans la journée, des appels sur votre lieu de travail, un flicage systématique de vos horaires, de vos relations, de vos dépenses, un isolement social et familial, une perte d'autonomie économique et financière. On regarde sans cesse par-dessus son épaule, on vérifie sans cesse sa montre, on devient paranoïaque, isolée. Pour qu'à la fin, il n'y ait plus que lui, lui seul pour vous aimer, vous soutenir, vous comprendre. Un tête-à-tête infernal qui vous emprisonne et dans lequel les violences peuvent s'introduire en toute discrétion. Puisque vous n'avez plus aucun relais, aucun allié à qui en parler.

Connaître la stratégie des agresseurs permet d'être vigilant et de détecter des vulnérabilités : cette amie qui refuse progressivement toutes vos sollicitations, cette sœur qui ne vient plus aux repas de famille, cette collègue qui ne participe plus à aucun événement... Ces femmes qui s'effacent et s'oublient, vérifient sans cesse leurs montres, leurs messages.

En rencontrant des victimes, je suis restée profondément marquée par le témoignage d'une femme qui sortait de sept longues années d'insupportables violences psychologiques, physiques et sexuelles. Elle expliquait tous les efforts qu'elle avait déployés pour dissimuler son sort à ses parents, qui vivaient à l'autre bout de la France. Quand on se voit deux fois par an, rien de plus simple que de maquiller la réalité en gardant une voix enjouée au téléphone et en faisant bonne figure sur les réseaux sociaux. Lorsqu'elle s'en est sortie, son père est venu se confronter à un voisin. Comment, vivant juste à côté de sa fille, pouvait-il n'avoir eu aucun soupçon pendant sept ans ? N'avoir rien vu ? Rien entendu ? Pour seule réponse, il a entendu : « Ah votre fille, mais qu'est-ce qu'elle a ramassé ! »

Ils sont nombreux à préférer et à pratiquer l'indifférence. Ceux qui montent le son de la télévision pour ne pas entendre les cris d'une femme, les gémissements d'un enfant, des bruits de coups ou de vaisselle brisée, ceux qui baissent la tête quand ils voient des comportements inacceptables ou changent de trottoir. Ceux-là aussi sont coupables, ceux-là aussi doivent être mis en cause. Si cette femme a perdu sept ans de sa vie et lutte maintenant pour se reconstruire, la faute en incombe d'abord à son agresseur, mais aussi à ceux qui estimaient avoir mieux à faire. On n'a jamais mieux à faire que de sauver une vie.

Avant les insultes, avant les coups, avant les violences, tout commence par l'installation de ce contrôle dont on ne sort plus. Il faut du temps pour s'en rendre compte, davantage encore pour l'exprimer et davantage toujours pour s'en libérer.

7

Changer notre droit pour changer notre culture

« Quand je regarde cet hémicycle, il y a des femmes, et peut-être des hommes, qui ont vécu des agressions sexuelles ou des viols. Et réalité plus terrifiante encore, statistiquement, ça veut dire aussi qu'il y a potentiellement des agresseurs. » À l'Assemblée nationale, le 14 mai 2024, c'est par ces mots que je réponds à la question d'une députée écologiste pour mettre en lumière cette réalité terrifiante : statistiquement, nous avons tous autour de nous des victimes de viol ou d'agression sexuelle ; et dans neuf cas sur dix, les victimes connaissent leur agresseur.

Cette formulation visait seulement à illustrer ces chiffres qui décrivent un fléau de masse, un crime de masse, afin que l'on cesse de le mettre à distance. Sans doute pour nous protéger, on veut trop souvent se convaincre que cela ne peut pas arriver au sein de nos familles, de nos environnements professionnels ou amicaux. Comment peut-on accepter que les lieux les plus intimes, qui devraient être les plus protecteurs, puissent aussi être les plus destructeurs ? Alors que les violences sexuelles touchent tous les territoires, tous les âges, tous les milieux sociaux. Elles détruisent nos enfants qui emportent ces traumatismes pour toute leur vie – « condamnés à perpétuité », comme beaucoup de victimes me l'ont souvent confié. Elles étouffent les femmes – et les hommes – qui survivent à cette tentative de destruction. Il est temps d'éduquer nos enfants différemment (j'y reviendrai) et de changer notre droit.

Nous avons heureusement progressé ces dernières années pour mieux protéger les victimes et réprimer davantage les bourreaux. En inscrivant dans la loi de 2021 le seuil de quinze ans en deçà duquel il ne peut y avoir de consentement, nous avons clarifié le travail de la justice. Plus de débat à avoir dans les prétoires, plus de plaidoirie insupportable sur l'« inceste heureux » : avant l'âge de quinze ans, un enfant n'est pas à même de comprendre ce qu'on lui impose ou ce qu'on lui suggère. C'est « non », c'est tout le temps « non » ; ça ne se négocie pas. C'est un interdit absolu. Et il ne peut pas en être autrement.

Concernant les viols incestueux, la peine encourue a été portée de vingt à trente ans de réclusion criminelle, pour bien marquer que ce crime-là franchit une étape supplémentaire dans l'horreur. Il serait sans doute temps que le mot « inceste » soit d'ailleurs écrit noir sur blanc. Pour l'ensemble des viols sur mineur, nous avons, dès 2018, allongé le délai de prescription pour le porter à trente ans après la majorité de la victime. Enfin, même lorsque les faits sont prescrits, le garde des Sceaux Éric Dupond-Moretti a donné instruction aux procureurs d'ouvrir systématiquement des enquêtes afin que les plaignants soient entendus, permettant à d'autres faits non prescrits d'être mis au jour.

Malgré ces efforts, nous pouvons et nous devons aux victimes de progresser.

La question du consentement d'abord. Elle est intrinsèquement liée au fait que l'on connaît généralement son agresseur. Dans neuf cas sur dix, on le connaît. Le cliché du viol commis par un inconnu, un étranger, dans une ruelle sombre en fin de soirée ne décrit qu'une infime partie de la réalité. Au passage, cette fable entretenue par l'extrême droite qui vise à voir derrière tout immigré un violeur en puissance peut immédiatement être démentie par les faits. Ça n'est quasiment jamais un inconnu. Le plus souvent, l'agresseur est un compagnon ou un ex-compagnon, un parent, un ami, un collègue. Cette familiarité floute les frontières : le viol peut avoir lieu sans que soit forcément exercée une violence physique. Dans le cas de l'inceste, il n'y en a d'ailleurs presque jamais besoin, tant les victimes se trouvent paralysées par la honte, l'incompréhension, la sidération, la peur, les sentiments mêlés et abusés. Il peut y avoir de la violence psychologique plus insidieuse, ou l'abus d'une relation de pouvoir ou d'autorité.

L'expression du consentement est au cœur de ce qui se joue lors de toute violence sexuelle. Définir le consentement et intégrer cette notion à notre droit permettrait de qualifier des situations qui aujourd'hui échappent à la définition du viol dans le Code pénal[1]. Le consentement ne peut se

1. Code pénal, article 222-23 : « Tout acte de pénétration sexuelle, de quelque nature qu'il soit, ou tout acte bucco-génital commis sur la personne d'autrui ou sur la personne de l'auteur par violence, contrainte, menace ou surprise est un viol. »

déduire de l'absence de résistance d'une victime. Il doit toujours être apprécié au regard des circonstances, notamment des rapports d'autorité ou des relations de domination qui s'exercent. Quand les faits sont établis, ces affaires entraînent aujourd'hui, dans 98 % des cas, des peines de prison ferme, d'une durée moyenne de onze ans. Mais toute la difficulté consiste à obtenir une condamnation. Cette réforme de la définition du viol pourrait en augmenter le taux, j'en suis convaincue.

Elle éviterait aussi aux victimes le choc supplémentaire des mises en cause systématiques : « Elle ne s'est pas débattue, elle n'a pas crié, elle n'a pas dit non, elle ne s'est pas défendue. » Les audiences sont trop souvent un traumatisme, un supplice supplémentaire. C'est la victime qui est auscultée. C'est sa vie sexuelle qui est disséquée jusqu'à l'obscénité. Consentir ne signifie pas « ne pas dire non ». Consentir, c'est dire oui, en verbalisant ou en exprimant son désir de toutes les manières possibles. Il ne s'agit pas non plus de signer un contrat en bonne et due forme où l'on cocherait les pratiques autorisées, comme le caricaturent ceux qui ne veulent pas comprendre les notions de viol et de culture du viol. Ceux qui ne veulent rien changer, comme si notre Code pénal était intouchable.

Une telle modification changerait enfin le regard collectif sur les violences sexuelles. Cette proposition suscitera sans doute des affrontements juridiques et des débats d'opportunité politique. Mais elle réunit aujourd'hui un consensus dans la société civile et devrait trouver une majorité favorable au Parlement. De tous bords politiques, les élus ont conscience de la nécessité de rompre le *statu quo* pour affronter le fléau des violences sexuelles. Et tout ne réside pas dans le Code pénal.

*

Sur la question de la prescription aussi, nous devons progresser. Comment se résoudre à ce que des victimes s'entendent dire : « Il fallait vous faire connaître plus tôt » ? Il ne doit jamais être trop tard. C'est pour cela que j'ai déposé une proposition de loi pour rendre l'inceste et les crimes sexuels commis sur les mineurs imprescriptibles en matière civile. Pour que les victimes aient toujours la possibilité d'avoir accès à la justice. Pour qu'il ne soit jamais trop tard.

Les victimes sont lucides. Elles savent, en s'engageant dans une telle procédure, que le succès n'est jamais garanti. Mais le couperet de l'impossibilité de l'accès au juge et à la justice est une épreuve supplémentaire qu'on leur fait endurer. Comme les victimes le disent elles-mêmes, elles sont, elles, déjà « condamnées à perpétuité ».

Et pourtant, ce sont encore et toujours elles que l'on questionne. Les soupçons à l'égard des victimes, toujours accusées de parler trop tard ou par intérêt, révèlent une coupable ignorance des traumatismes subis. La recherche scientifique a pourtant décrit de quelle manière leur cerveau peut littéralement disjoncter, pour se protéger de l'insupportable. Sur le moment, et longtemps après. Pour avoir rencontré beaucoup de victimes de tous âges, de tous les milieux sociaux, célèbres ou anonymes, j'ai constaté qu'elles racontaient toutes la même chose : le traumatisme dure toute la vie et il faut du temps pour l'intégrer, parfois simplement pour se le dire à soi-même. De même, la capacité à verbaliser les actes et à les rendre publics en portant plainte est un long cheminement. Les quelque 27 000 témoignages recueillis par la Ciivise (Commission indépendante sur l'inceste et les violences sexuelles faites aux enfants) ont révélé les mêmes douleurs et mis en lumière, grâce à un travail exceptionnel, l'ampleur du fléau que vivent nos enfants.

D'où l'idée de rendre les viols imprescriptibles en matière civile. Que l'on puisse aller devant le juge et espérer obtenir réparation jusqu'à son dernier souffle, et non seulement jusqu'à ses quarante-huit ans quand il s'agit d'un viol sur mineur. Car cette possibilité qui disparaît soudain équivaut à une violence supplémentaire. Toutes les personnes concernées le disent, la possibilité d'un recours à la justice fait partie intégrante de leur capacité à se réparer. Réussir à surmonter son traumatisme pour dénoncer son bourreau, pour se confronter à lui, pour poser des mots sur ce qu'on a subi, est vital. L'imprescriptibilité redonnerait de la liberté, du choix, du droit.

Cependant, dans le domaine de la justice pénale, les condamnations risquent d'être difficiles à obtenir, trente ans et plus après les faits. C'est donc un réel débat : vaut-il mieux qu'une victime entende, comme aujourd'hui, « Il est trop tard, votre agresseur ne pourra pas être condamné, les faits sont prescrits », ou bien qu'elle coure le risque d'une plainte classée sans suite, faute de preuves ? L'issue est donc pour moi de sortir du réflexe pénal français pour créer une imprescriptibilité en matière civile, c'est-à-dire aboutir à des condamnations qui indemnisent les préjudices. Devant un tribunal civil, les victimes pourraient démontrer les traumatismes subis et les conséquences continues sur leur vie professionnelle, intime, familiale, sur leur santé mentale et physique. On le sait, ils dessinent des parcours de vie heurtés, des troubles alimentaires, des troubles de l'anxiété... Tout cela s'additionne dans ce que la journaliste Virginie Cresci a appelé, dans un livre récent[1], « le prix des larmes » : frais de justice, hospitalisations, carrières entravées, aujourd'hui, « les victimes paient », écrit-elle. L'imprescriptibilité civile consisterait au contraire à faire payer, dans tous les sens du terme, les auteurs ou même leurs ayants droit.

Toutes les personnes concernées ne saisiront pas la justice. Mais cette possibilité restée ouverte pourra les aider à maîtriser leur destin, ce dont elles ont profondément besoin car les bourreaux leur ont tout imposé : le caractère insupportable du viol, mais aussi le silence, le secret, la honte, la peur, les traumatismes pour toute la vie. Demander justice et réparation, c'est reprendre le contrôle. Il faut leur donner ce pouvoir.

1. Virginie Cresci, *Le Prix des larmes. Le coût caché des violences sexuelles*, Paris, Grasset, 2024.

Et il y a évidemment la question du temps judiciaire et de ce qui se produit au cœur de nos tribunaux. Comment améliorer le comportement de la justice à l'égard des victimes en termes d'accompagnement, de soutien psychologique, de protection et tout simplement de considération ? Certaines, si ce n'est toutes, endurent une violence inouïe lors des procès. Un accusé de viol ou d'agression sexuelle a bien entendu le droit de se défendre, et reste évidemment présumé innocent, jusqu'à ce que le jugement définitif soit rendu. Mais le débat contradictoire n'exclut pas l'éthique.

Je pense qu'il faut proscrire, dans les affaires d'agression sexuelle et de viol, la possibilité pour l'accusé d'attaquer la victime en diffamation. Il pourrait toujours porter plainte pour dénonciation calomnieuse. Mais l'accusation de diffamation déclenche presque automatiquement une mise en examen. Elle est devenue une forme de « procédure bâillon » qui met immédiatement en accusation la plaignante, comme si elle mentait ou était responsable de ce qu'elle avait subi. Elle prive les victimes de leur parole, elle confisque leur accusation et tente de les réduire encore une fois au silence.

En accomplissant tout cela, je pense que nous pouvons changer la donne. Aujourd'hui, la définition du viol, les délais de prescription et la procédure judiciaire font reposer toute la charge sur les victimes. Il est temps de rompre avec ce principe.

8

Éduquer, encore et toujours

Des « masculinistes », ennemis de l'émancipation des femmes, qui ne voient pas de mal à se faire « respecter » à coups de baffes. Des charlatans, partisans de prétendues « thérapies de conversion », qui décrivent l'homosexualité comme une maladie. Un « influenceur » musulman qui se dit gay mais affirme combattre ses propres pulsions et jure qu'il ne les assouvira jamais. Des adolescents qui révèlent leur intimité ou dévoilent leurs corps sans se douter ou se soucier des risques. Des « sale Juif », des « sale Arabe », des « sale pute » qui pleuvent avec une facilité déconcertante. Et partout, tout le temps, des femmes hypersexualisées, exposées, disponibles. Devant leurs écrans, nos enfants et nos adolescents prennent ces insultes, ces attaques, ces menaces ou ces représentations en pleine face, sans recul. Seuls face à l'isolement qu'elles entraînent, aux tentations et aux tentatives suicidaires qui en découlent trop souvent.

Ces mots, ces vidéos qui inondent les réseaux sociaux ont acquis aujourd'hui, en raison de leurs audiences considérables, valeur d'exemple pour des millions d'adolescents et de préadolescents. Désormais la radicalité prévaut sur toute pondération, la nuance est vue comme une faiblesse, les stéréotypes virilistes et sexistes fourmillent, au mépris de nos valeurs de respect et d'égalité. Ces images et propos autrefois confinés à des cercles restreints inondent maintenant nos téléphones. À quoi bon chercher à déconstruire les préjugés dans nos familles et à l'école si, dans le même temps, cet effort est sapé en quelques clics, en quelques secondes, par des milliers de contenus gratuits en accès libre ? Nombre de familles tomberaient de haut en découvrant les nouveaux modèles de leurs enfants, auxquels elles fournissent pourtant un téléphone en moyenne dès l'âge de neuf ans et un smartphone en général avant leurs quatorze ans.

Pour ceux qui ont aujourd'hui quarante ans ou plus, on se souvient de l'unique ordinateur qui, au mieux, équipait la maison, ainsi que du téléphone fixe qui trônait dans le salon. Nos parents contrôlaient aisément le temps d'écran, savaient ce que nous consultions et connaissaient nos entourages. Les parents de 2024 ont perdu la maîtrise des fréquentations de leurs enfants et adolescents et c'est vertigineux. Nos jeunes subissent la pression sociale des autres, ceux dont les parents ont cédé à la tentation d'acheter un smartphone. La plus âgée de mes belles-filles n'a que neuf ans et pourtant certaines de ses copines sont déjà équipées. C'est donc à nous de nous justifier et d'expliquer pourquoi nous le lui refusons. Non par défiance vis-à-vis d'elle mais par prudence.

TikTok et autres réseaux a-sociaux ont beau être prétendument réservés aux plus de treize ans, la barrière d'entrée est purement déclarative. D'où la nécessité d'établir une majorité numérique à quinze ans qui serait un premier pas dans la protection de nos enfants.

Une autre vérité est encore plus terrifiante, dans ce qu'elle emporte, pour nous en tant que parents et pour la société dans son ensemble. Elle tient en deux chiffres incontestables. Selon l'association Génération numérique, parmi les mineurs qui ont déjà été confrontés à des contenus pornographiques en ligne, l'âge moyen de la première exposition se situe entre dix et onze ans[1]. Et selon l'Autorité de régulation de la communication audiovisuelle et numérique (Arcom), dès douze ans, plus d'un garçon sur deux consulte régulièrement de tels sites[2].

Dix ou douze ans... L'âge où on se sépare à peine de son doudou serait donc aussi celui où on est confronté pour la première fois à de la violence sexuelle. Nous parlons d'élèves de CM2 ou à peine entrés au collège. Des enfants, pas encore formés physiquement et dont l'éveil à la sexualité passerait d'abord par les productions de l'industrie du X. Les études statistiques mentionnent prudemment le caractère en partie accidentel du phénomène, parfois lié à un clic involontaire ou à l'utilisation d'un mot-clé équivoque dans une requête sur Internet.

Ne nous leurrons pas. Si le nombre de mineurs sur les « sites adultes » augmente, si leurs visites deviennent de plus en plus fréquentes, si l'âge de leur « première fois » ne cesse de baisser (il était estimé à quatorze ans en 2017), c'est bien que des cohortes d'enfants et d'adolescents recherchent du

1. Génération numérique, *Enquête sur les contenus choquants accessibles aux mineurs*, février 2023.

2. Arcom, *La Fréquentation des sites adultes par les mineurs*, mars 2023, données assises sur les mesures d'audience Internet de Médiamétrie.

porno, consciemment et activement. Et en consomment comme ils consommeraient n'importe quelle vidéo. Sans précaution, sans recul.

Les adultes mesurent mal la gravité de cette imprégnation, probablement parce qu'ils se réfèrent à leur propre adolescence. Dans les années 1980 ou 1990, avant Internet, les réseaux sociaux et les smartphones, le porno demeurait rare et difficile d'accès. Et les contenus n'étaient pas de la même nature. Les parents d'aujourd'hui qui sont parvenus à en consommer à l'époque en gardent sans doute le souvenir d'un cinéma bien médiocre, mais dans lequel des comédiens rémunérés jouaient de mauvais rôles sur de mauvais scénarios. La violence n'était pas la règle et les préservatifs étaient de rigueur.

Oubliez le « film du samedi soir » sur une chaîne cryptée. Ce que nos préados trouvent désormais à portée de clic n'a plus rien à voir avec la mise en scène de certains fantasmes. À longueur de vidéos, de vraies femmes sont réellement violées, frappées, molestées, humiliées. Avec une facilité déconcertante, librement et gratuitement, l'internaute assiste à de véritables actes de torture et de barbarie, à des viols manifestes, subis par des femmes sous contrainte, parfois même séquestrées.

Il faut saluer l'engagement inlassable d'associations, d'avocats bénévoles qui se relaient, visionnent ces atrocités, portent plainte. Grâce à cette mobilisation, des procès sont en cours contre des sites non seulement connus, mais puissants, notamment français, pour avoir forcé des femmes aux pires extrémités en les détenant, en les faisant boire, en les droguant. Des victimes recrutées en raison de leur vulnérabilité intime, financière et sociale, sans que personne se soucie des conséquences physiques et psychologiques qu'elles endurent, sans aucun droit à l'oubli puisque ces images circulent de site en site pendant des années. On comprend mieux pourquoi les fondateurs de ces sites n'exposent jamais leur visage au grand public.

Ceux qui entendent ramener ce combat à celui d'une mère de famille réac se trompent. Ouvrez les yeux, parlez à vos enfants et à vos adolescents, mesurez les conséquences de ces images sur leur vie intime, leurs relations humaines, les rapports qu'ils entretiendront demain avec des jeunes filles. Tout est déformé, abîmé. Tout est violence.

Le rapport d'information de la Délégation aux droits des femmes du Sénat, rendu en septembre 2022 au terme de six mois d'auditions, est un travail remarquable[1]. Florilège : « 90 % des scènes comportent de la violence. Les violences sexuelles, physiques et verbales sont massivement répandues dans le porno, revêtant un caractère systémique. Elles ne sont pas simulées mais bien réelles pour les femmes filmées. [...] Les témoignages recueillis ont mis en évidence les méthodes de recrutement ciblant des jeunes femmes précaires et fragiles et les modes opératoires : premier viol de soumission, processus de déshumanisation, manipulation, chantage, emprise, actes sexuels forcés, partenaires multiples imposés, viols... [...] Certains producteurs pro-am (professionnel-amateur) français poussent les femmes à signer des contrats de cession de droit à l'image illimités. Pour le retrait d'une vidéo mise en ligne sur leur site, ils réclameraient généralement entre 3 000 et 5 000 euros, soit dix fois plus que la rémunération obtenue pour la scène tournée. Une fois en ligne et dupliquées, les vidéos sont quasiment impossibles à retirer. »

Dans le rapport du Sénat toujours, une psychologue clinicienne spécialisée dans les addictions sexuelles et cybersexuelles parle ainsi de « viol

---

1. *Porno : l'enfer du décor*, rapport d'information n° 900 déposé le 27 septembre 2022.

psychique » : « Pour l'enfant, les images pornographiques constituent des images traumatiques qu'il n'est pas capable d'analyser. La sexualité, qui était auparavant source de saine curiosité infantile, devient alors, suite à ce premier contact précoce, objet de dégoût et de fascination en même temps. »

Au-delà des violences réelles qu'elles exhibent, ces vidéos contribuent aussi à reproduire les pires des stéréotypes. Car non seulement les femmes y subissent tous les outrages possibles, mais tout est mis en scène pour nous persuader du fait qu'elles aiment ça, qu'elles demandent ça. Qu'au fond, elles disent « oui » même quand elles font mine de se débattre. Dans un sondage publié en 2022, 11 % des personnes interrogées approuvaient cette affirmation : « Lorsque l'on essaye d'avoir des relations sexuelles avec elles, beaucoup de femmes disent non, mais ça veut dire oui. » Ce pourcentage atteignait même 23 % chez les 18-24 ans, et 34 % chez les jeunes hommes du même âge[1]. Un homme sur trois. Un homme sur trois qui pense que « non » veut dire « oui » et que la violence va de pair avec la sexualité.

1. *Les Français et les représentations sur le viol et les violences faites aux femmes*, sondage Ipsos pour l'association Mémoire traumatique et victimologie, 2022.

Comment aborder la question du consentement après ça ? Comment nous engager pour une société plus respectueuse et égalitaire, en lutte contre les stéréotypes qui alimentent cette culture du viol ?

Comment, de même, lutter contre la traite des êtres humains ? Car qu'a-t-on entendu en mai 2024, lorsque j'ai présenté la première stratégie nationale de lutte contre le système prostitutionnel, sinon les sarcasmes habituels et les ricanements – « Elle n'a pas mieux à faire que de s'occuper des putes ? », alors qu'on parle de 40 000 personnes qui subissent l'exploitation sexuelle, les abus, les violences et les viols, dont un tiers de mineures. Il y a ceux qui se retranchent derrière la prétendue fatalité du « plus vieux métier du monde », empêchant toute action. Le pire argument était celui d'un exutoire nécessaire aux hommes, sans lequel le nombre de viols grimperait en flèche. Assumons de responsabiliser les clients, ou plutôt les « prostitueurs », terme retenu à raison par les associations et bien plus juste sur les séquelles laissées sur les femmes et les hommes qui sont exploités. Non seulement les clichés ont la vie dure, mais ils sont aujourd'hui alimentés par la large diffusion en ligne de représentations dégradantes et humiliantes.

Lors de la présentation de ce plan au ministère, j'avais souhaité donner la parole aux premières concernées. Des personnes anciennement en situation de prostitution, survivantes d'un système de traite humaine, avaient accepté de s'exprimer, de se confier. Je pense à l'une d'entre elles en particulier, qui n'avait que onze ans quand elle avait été prise en charge par la Protection de l'enfance en raison de graves maltraitances infligées dans sa famille. Elle se souvenait du jour où elle était partie se promener dans un parc voisin de son foyer. Se laissant naïvement approcher par un homme, elle avait subi une agression sexuelle. Sans réellement comprendre ce qui lui était arrivé, elle n'avait retenu que l'épilogue, quand cet adulte l'avait remerciée pour sa « gentillesse » en lui donnant des bonbons. Au retour au foyer, elle s'était confiée à son éducateur qui n'avait rien trouvé de mieux à lui dire que : « Va te coucher. » Au lieu de la sauver, il l'a condamnée par sa négligence, son ignorance et son désintérêt, à revivre ces violences.

Cette femme expliquait très bien comment cette image l'avait accompagnée, ensuite, pendant son long parcours de prostitution. Non pas l'image du délinquant en action, mais celle du « monsieur » qui accorde son attention et offre une gratification pourvu que l'on soit gentille, docile et disponible pour lui.

*

Le combat contre l'accès des mineurs à la pornographie se mène d'abord au Parlement. La loi dite de « sécurisation numérique », promulguée le 21 mai 2024, représente ainsi une première et véritable victoire. Les « sites adultes » doivent désormais mettre en place des systèmes de vérification d'âge conformes aux normes techniques établies par l'Arcom, sous peine de lourdes amendes. Les sites auxquels l'internaute accède doivent désormais recevoir la preuve de sa majorité. Et l'autorité de régulation peut maintenant ordonner, sans intervention préalable de la justice, le blocage de ceux qui ne contrôlent pas l'âge de leurs utilisateurs, ainsi que leur déréférencement des moteurs de recherche sous quarante-huit heures. Les entreprises visées pourront contester les décisions devant un tribunal administratif, mais seulement *a posteriori*.

Les hébergeurs, qu'ils soient français ou étrangers, devront aussi retirer dans les vingt-quatre heures les contenus pédopornographiques signalés par les autorités, sous peine d'un an de prison et de 250 000 euros d'amende. Enfin la plateforme Pharos[1] peut ordonner le retrait sous vingt-quatre heures, le blocage ou le déréférencement sans délai des images d'actes de torture ou de barbarie.

Nous avons mené ce combat main dans la main à l'Assemblée et au Sénat avec des parlementaires de tous bords. Un combat interne aussi au sein du gouvernement... où systématiquement on nous renvoie l'enjeu des libertés publiques. Mais que valent ces libertés quand elles sont mises au service de violences qui détraquent notre société ?

En octobre 2024, l'Arcom a publié ses préconisations sur l'authentification des usagers de sites pornographiques. Deux solutions principales vont devoir être mises en œuvre par les entreprises concernées. D'une part, conditionner l'accès à la présentation d'une carte bancaire, entraînant l'envoi d'un message de confirmation. Devoir fournir une empreinte bancaire protège *de facto* les plus jeunes, démunis de CB, tandis que le processus de confirmation et l'enregistrement d'un débit (même de 0 euro) les dissuadent d'« emprunter » celles de

1. Créée en 2009 par le gouvernement, elle permet aux internautes de signaler des contenus et comportements en ligne illicites.

leurs parents. D'autre part, concernant les mineurs titulaires d'une carte de crédit, souvent à partir de seize ans, il faudra mettre en place une double identification avec obligation de télécharger une pièce d'identité, mais en passant par un prestataire tiers afin de protéger la vie privée et de préserver l'intégrité des données fournies.

Ces mesures permettent enfin aux pouvoirs publics de se mettre au travail pour bloquer les sites et sanctionner ces contenus criminels. La bataille sera longue, car on s'attaque ici à un secteur extraordinairement puissant. Rarement hébergés au sein de l'Union européenne, dont la législation en la matière est la plus contraignante au monde, les sites pornos forment une industrie particulièrement lucrative, prospère et très organisée. Ces dernières années, elle a ainsi multiplié les procédures judiciaires contre les associations qui s'opposent à elle, afin de les faire taire en les épuisant et en les asséchant financièrement. Sachant que ces entreprises financent aussi d'autres activités criminelles, il appartient plus que jamais à l'État de mener ce combat en se portant lui-même partie civile et en renforçant massivement les moyens alloués aux associations qui ne peuvent pas vivre que de bénévolat.

Pour réussir et gagner cette bataille, c'est toute la société là encore que nous devons embarquer. Chacun est libre de consommer du porno s'il le souhaite, je ne suis pas là pour juger. Et soyons honnête et lucide : cette consommation n'est pas marginale. Tout dépend donc de ce que l'on regarde, quels contenus, quels sites, à quel âge et en se soumettant à quelle vérification. Derrière l'écran, il y a trop souvent des personnes réelles, en chair et en os, qui sont maltraitées pour produire ces quelques minutes d'excitation et de soulagement.

Porter ce combat dans le débat public est un défi, surtout pour une femme. Sur les réseaux sociaux, alerter sur les ravages de la pornographie en accès libre conduit généralement à se faire traiter de « mal baisée », puisque c'est ainsi que régulièrement on s'adresse aux femmes politiques – quand elles ne sont pas traitées de « putes », insulte régulière en ligne. Le sexisme déplorable de ces injures souligne d'ailleurs un fait troublant : les femmes sont trop souvent les seules à s'exprimer face à ce fléau.

La lutte contre les violences sexuelles, la longue marche pour l'égalité des droits et le respect imposent de regarder en face notre société, ses maux et les nouvelles autoroutes qui les diffusent. Il revient d'abord aux familles de prendre leurs responsabilités et de jouer pleinement leur rôle protecteur. Et il appartient à l'État de les leur rappeler quand les négligences ou les défaillances se révèlent. Beaucoup de parents se trouvent démunis. Parfois par ignorance ou par méconnaissance. Parfois aussi parce qu'ils ne remplissent pas pleinement leur rôle qui est d'abord d'apporter de la sécurité à leurs enfants. Fin 2024, notre pays s'est à nouveau enflammé autour de la question de l'éducation à la vie affective, relationnelle et à la sexualité. Nous n'y sommes toujours pas. Nous n'arrivons pas à convaincre de son bien-fondé et nous subissons les attaques en règle de l'extrême droite qui véhicule tous les fantasmes.

Que voulons-nous pour nos enfants ? Qu'ils grandissent dans l'ignorance ou qu'ils soient outillés pour comprendre, (se) respecter et se protéger ? Chaque jour, des victimes – souvent des enfants et des adolescents – subissent le poids de nos défaillances éducatives : agressions, harcèlement, violences psychologiques, physiques ou sexuelles. Ne nous leurrons pas : la nature ayant horreur du vide, ce que nous refusons de transmettre par l'éducation scolaire est comblé par d'autres influences.

Il est déterminant d'éduquer nos enfants à prendre du recul et à exercer un véritable sens critique à l'égard de tout ce qui leur tombe sous les yeux. Comme parents, cela revient à accepter l'idée que nos enfants ne sont pas parfaits. C'est désagréable, mais c'est ainsi : oui, ils enfreignent les règles que nous posons ; non, ils ne se comportent pas toujours comme nous l'espérerions. Que cela ne nous dissuade jamais de continuer à les accompagner en toutes circonstances.

Il ne servira à rien de rénover les discours et les manuels, de garantir les heures d'éducation à la vie affective, de renforcer les moyens financiers si, à la fin de la journée, nos enfants continuent à se plonger en trois clics dans un univers glauque de violences faites aux femmes.

9

Être féministe, c'est être universaliste

En 2009, Élisabeth Badinter avait écrit une « adresse à celles qui portent volontairement la burqa[1] ». Elle avait posé la question déterminante à laquelle nos démocraties sont confrontées depuis une quinzaine d'années, cette inversion insupportable des repères et des valeurs qui désigne comme l'oppresseur ce pays universaliste et laïque qu'est la France. « Vous utilisez les libertés démocratiques pour les retourner contre la démocratie. Subversion, provocation ou ignorance, le scandale est moins l'offense de votre rejet que la gifle que vous adressez à toutes vos sœurs opprimées qui, elles, risquent la mort pour jouir enfin des libertés que vous méprisez. »

1. Élisabeth Badinter, « Adresse à celles qui portent volontairement la burqa », *Le Nouvel Observateur*, 9 juillet 2009.

Ce texte n'a malheureusement pas vieilli. Il est même d'une actualité toute particulière : chaque jour, nous voyons à travers le monde toujours plus de restrictions s'abattre sur les femmes. En Afghanistan, les oiseaux ont plus de droits qu'elles. Ils peuvent se réunir, ils peuvent se déplacer, ils peuvent chanter. Pas elles. À quel point faut-il avoir peur des femmes pour aller jusqu'à leur interdire de se parler entre elles et de chanter ?

Et comment certains, en France, peuvent-ils oser comparer la situation des femmes en Afghanistan et celles des femmes françaises musulmanes ? Elles ne subissent ici évidemment aucune interdiction, aucune restriction imposée en raison de leur religion. Une seule loi s'applique : celle de la République. Une seule communauté est reconnue : la communauté nationale. Comment peut-on accepter un tel dévoiement de nos principes et de nos valeurs ? Comment peut-on renoncer à ce combat féministe et donc universaliste ?

Déjà, en 2021, j'avais souhaité reposer des règles claires en interdisant que des parents puissent imposer à leur fille le port du voile. Peut-on raisonnablement considérer qu'une enfant de six ans, huit ans, dix ans consent librement à porter un voile parce qu'elle devrait être pudique ? Croit-on vraiment que cela ouvre le meilleur chemin vers l'émancipation et le choix de sa propre vie personnelle, familiale ou professionnelle ?

Les femmes n'ont pas à se cacher et doivent se sentir libres de vivre comme elles le souhaitent. Cela inclut le choix de croire ou de ne pas croire et d'exprimer librement leurs opinions, religieuses ou non. Personne n'a le droit de demander à une femme, adulte et pleinement éclairée de ses choix de renoncer à un vêtement qui exprime une appartenance religieuse ou à une communauté de pensée. Mais concernant les enfants, je souhaite poser la question du libre arbitre. À quel âge sont-ils à même de comprendre la signification de la religion et de ses symboles ? Chacun éduque ses enfants comme il le souhaite... dans le cadre d'un socle de valeurs communes, dont l'injonction à la « pudeur » et à la dissimulation ne fait pas partie. Banaliser le voilement des petites filles revient à s'affranchir de cette conviction. Mon choix de société est tout autre : permettre à nos enfants de grandir avec la garantie d'un certain nombre de principes, et l'émancipation des filles et des femmes en est un. Les filles doivent avoir accès aux mêmes études, aux mêmes filières, aux mêmes carrières et aux mêmes rêves que les garçons. Nous devons assumer, en tant que républicains, que cette promesse heurte les identités qui enferment et assignent. Sinon, le débat s'en tiendra à une surenchère de slogans fachos.

Je suis convaincue de la nécessité de légiférer pour affirmer clairement qu'une enfant n'a pas à porter le symbole de son enfermement, résultat de pressions de la famille, de l'entourage, du quartier, et qu'il faut donc interdire ces pratiques avant un certain âge. L'enjeu est celui de la protection de la jeunesse, et d'abord de nos filles, tenues pour responsables de l'attention qui leur est portée alors que personne ne contraint les garçons à observer un certain comportement ou à endosser une certaine identité. Grâce au travail exceptionnel d'Émilie Frèche, on a pu suivre le procès de ceux qui ont conduit à l'assassinat de Samuel Paty[1]. Il faut lire le procès-verbal glaçant du témoignage de la fille d'un des accusés : « J'ai suivi une thérapie de trois ans pour réussir à enlever mon voile. Mon père m'a dit, quand j'ai été réglée à treize ans, soit

1. Le 16 octobre 2020, Samuel Paty, professeur d'histoire-géographie dans un collège de Conflans-Sainte-Honorine (Yvelines), a été décapité par un terroriste islamiste, en raison d'un cours sur la liberté d'expression.

tu le portes, soit tu ne sortiras pas de la maison. Alors j'ai accepté, et je ne l'ai plus enlevé jusqu'à l'assassinat de Samuel Paty. Sa mort m'a donné la force de prendre les décisions auxquelles j'aspirais, mais que je n'arrivais pas à prendre. »

J'ai d'autant plus de mal à admettre le port d'un voile par une fillette que, dans beaucoup de domaines, la loi fixe des seuils au libre arbitre : pas d'atténuation de l'excuse de minorité avant seize ans, pas de consentement sexuel avant quinze ans, majorité civile à dix-huit ans... Dans l'enseignement primaire et secondaire, la loi du 15 mars 2004 a de même proscrit le port de signes religieux ostensibles. C'est donc bien que l'on considère les enfants comme incapables d'un consentement éclairé à un âge où ils obéissent à leurs parents sans pouvoir faire preuve de recul face au poids des traditions, de la culture et de la religion.

L'émancipation consiste précisément à pouvoir devenir ce que l'on souhaite, pas forcément ce qui est attendu de nous. Il faut de la maturité pour prendre conscience des enjeux de la foi et choisir d'embrasser une religion ou pas, de la pratiquer ou non, d'en changer, d'afficher son appartenance à une communauté si on le souhaite.

En 2021 donc, pendant la discussion parlementaire de la loi dite « séparatisme[1] », j'avais déposé un amendement, avec Jean-Baptiste Moreau et d'autres députés de notre ancienne majorité, visant à interdire le voile avant quinze ans, c'est-à-dire un âge objectif qui établit déjà, je l'ai dit, la limite du consentement sur d'autres sujets. Une telle mesure n'empêcherait pas d'avoir une pratique religieuse, et bien entendu, libre aux jeunes filles concernées, une fois devenues adultes, de décider de le porter.

À l'époque, notre proposition avait été jugée irrecevable pour des raisons juridiques mais aussi politiques, par crainte que le sujet ne crée de la tension. En clair, on avait demandé que cet amendement ne soit pas soumis au débat, afin d'éviter tout vote.

Aujourd'hui, je pense que cette discussion mérite d'être conduite jusqu'à son terme et menée de manière sereine. Ce serait afficher clairement qu'il ne s'agit en rien de stigmatiser qui que ce soit. La question du voile ne se réduit pas à ses dimensions scolaires ou à des préoccupations d'ordre public. Elle est d'abord un enjeu de liberté et d'égalité pour les femmes. Il appartiendra aux

1. Loi du 24 août 2021 « confortant le respect des principes de la République ».

parlementaires de déposer une nouvelle proposition de loi, voire au président de la République et au Premier ministre de décider d'en faire un projet gouvernemental. Ce n'est pas simple à écrire d'un point de vue constitutionnel mais il nous revient de le faire et j'y prendrai toute ma part. Je ne pense pas être seule dans ce combat.

Il y a urgence à protéger les jeunes filles qui vivent aujourd'hui dans la peur de se voir attribuer une « réputation » et d'en subir les conséquences dramatiques. *La Réputation*, c'est justement le titre d'un livre de la journaliste Laure Daussy[1]. À partir du féminicide de Shaïna, une adolescente de quinze ans poignardée et brûlée vive à Creil (Oise) par son petit ami, en 2019, l'autrice enquête sur l'angoisse d'être taxée de « fille facile ». Dans un certain nombre de nos quartiers, ce poids insupportable repose sur les épaules de milliers de jeunes filles et de jeunes femmes, qui régulent leurs comportements par crainte de plaire ou de déplaire, de sortir du rang et de se faire remarquer. Shaïna a payé de sa vie les actes criminels d'un

1. Laure Daussy, *La Réputation. Enquête sur la fabrique des « filles faciles »*, Paris, Les Échappés, 2023.

jeune homme, mais elle est aussi morte de la réputation qui lui avait été faite.

*

On m'accusera, en soulevant cette question, de créer un débat artificiel, inutile voire dangereux. Abstenez-vous de faire de la politique si vous n'avez pas de convictions et si vous craignez des débats délicats et les caricatures qui seront faites de vous ! S'en tenir prudemment aux sujets consensuels revient à s'enfermer dans le déni, voire dans une forme de lâcheté. On ne peut pas multiplier les constats et empiler les rapports pour, à la fin, n'en tirer aucune conséquence concrète. Beaucoup de Français m'interpellent à ce sujet, sans doute parce qu'ils connaissent mes convictions, souvent exprimées ces dernières années. L'opinion publique, cela est régulièrement mesuré, ne souhaite rien laisser passer sur les atteintes à la laïcité, surtout quand elles touchent nos enfants. En choisissant de lancer le débat dans ce livre, je souhaite adresser un message à nos concitoyens sur le front des valeurs.

L'action politique se nourrit des combats que l'on porte, au risque de déplaire. Pour ma part, je ressens profondément la nécessité, non seulement de défendre, mais aussi de promouvoir la laïcité comme vecteur de cohésion nationale et de lutte contre toutes les discriminations. La plus grande confusion règne aujourd'hui autour de ce mot, que l'on ne sait même plus définir correctement. Ce principe essentiel, que la France est un peu seule à porter – cela ne signifie pas qu'elle a tort – est consubstantiel à l'universalisme républicain qui voit dans chaque Français avant tout un citoyen, sans considération préalable de son particularisme, de sa communauté ou de son identité religieuse. Pour les femmes en particulier, c'est un principe d'émancipation et de protection.

Alors, quels républicains serons-nous si nous continuons à déserter ce combat ? Car, soyons lucides, pendant trop longtemps, nous avons renoncé à le mener. Trop risqué, trop de coups à prendre. Après l'assassinat de Samuel Paty, en octobre 2020, j'ai espéré, comme beaucoup, un sursaut collectif. La décapitation d'un enseignant en plein jour, en pleine rue, était une attaque au cœur de nos valeurs, au cœur de l'école, à la suite d'un cours consacré à la laïcité, au sens critique, à la question du blasphème qui n'est pas un délit dans notre pays : la religion, on a le droit de s'en moquer, dans tous les sens du terme.

Le réveil attendu n'aura duré que quelques jours. Comme si notre mémoire était devenue aussi courte qu'un bandeau sur une chaîne d'informations en continu ou qu'un message sur les réseaux sociaux. En quelques jours, une émotion chasse l'autre. La mort de Samuel Paty nous a réellement secoués – je peux en témoigner, moi qui suis et étais déjà élue du département où exerçait le professeur, les Yvelines, qui ont payé un lourd tribut au terrorisme islamiste ces dernières années[1] – mais cela n'a pas fondamentalement remis en cause notre conscience collective des enjeux liés à la laïcité, ni l'évolution inquiétante qui a vu ce principe d'émancipation être de plus en plus souvent dévoyé.

Songez à la loi de 2004 sur l'interdiction des signes religieux à l'école. À l'époque, l'Assemblée nationale l'avait adoptée à une écrasante majorité, tout comme le Sénat[2], à l'issue d'un long travail parlementaire sans fracas ni tumulte. Vingt ans après, atteindrait-on de tels résultats, et dans un

1. Notamment l'assassinat de deux policiers à Magnanville, en juin 2016.

2. À l'Assemblée : 494 voix pour, 36 contre, 31 abstentions. Au Sénat : 277 pour, 20 contre, 20 abstentions.

climat aussi apaisé ? J'en doute fort. Beaucoup de députés LFI refuseraient de voter un tel texte, j'en ai tristement l'intime conviction.

Nous nous trouvons aujourd'hui pris dans une véritable tenaille identitaire. LFI veut faire croire que la laïcité empêche d'affirmer son identité religieuse. Le RN n'en parle que pour réclamer son durcissement envers la communauté musulmane, qu'elle considère comme inapte à s'intégrer dans la République française. Sur cette question, la France se retrouve coincée entre le marteau de l'instrumentalisation et l'enclume du déni, qui refuse de voir les remises en cause progressives de nos principes républicains, à l'œuvre à l'école, à l'université ou dans le sport.

Cette polarisation a des effets dévastateurs. Elle place d'abord les musulmans de notre pays dans une situation intenable. Que ce soit pour la dénoncer ou pour s'en féliciter, la laïcité leur est décrite comme une arme dirigée contre eux. Difficile, dans ces conditions, d'en être partisans ! Ensuite, cette présentation erronée réduit les républicains sincères et raisonnables au silence, par peur d'une récupération par l'un ou l'autre camp.

Ce n'est pas attiser la haine que de promouvoir la liberté de nos enfants et le respect de l'égalité entre eux. Ce n'est stigmatiser personne que de combattre des pratiques radicales opposées à nos valeurs d'émancipation.

Il n'y a pas de fatalité à rester prisonnier de ce piège. Je pense que le sujet est porteur de consensus et de rassemblement, à condition de rappeler inlassablement qu'il ne s'agit pas d'interdire à quiconque de pratiquer sa religion, mais de protéger des citoyens vulnérables. Cet objectif nous a menés, à la rentrée 2023, à interdire le port de l'abaya dans les écoles. Nous n'avons fait qu'appliquer la loi de 2004, qui place les établissements scolaires à l'abri des influences religieuses. Je sais bien que ces longues robes, au départ, sont des tenues traditionnelles davantage que des marqueurs de convictions. Mais en les adoptant, les jeunes filles contournaient l'impossibilité d'arborer des signes religieux, et leur conféraient donc une nouvelle signification. Et d'ailleurs, elles le revendiquaient sur les réseaux sociaux. Cette mesure ne fait pas de nous des oppresseurs qui chercheraient à invisibiliser l'islam et à pointer du doigt les millions de musulmans de France. Elle affirme seulement que dans la République française, un enfant ou un jeune adolescent n'a pas à se voir imposer le port d'un vêtement devenu un signe religieux ostensible, qui infériorise et essentialise les filles.

On nous a alors accusés d'édicter une règle pour une pratique très minoritaire. Cet argument du nombre me paraît totalement hors de propos. Les enseignants, les directeurs d'établissement étaient en première ligne pour faire respecter une loi déjà vue comme fragile. Il fallait clarifier. Sur le voilement des petites filles, si le phénomène n'est pas chiffré, puisqu'il n'y a pas à signaler des comportements aujourd'hui autorisés, sa visibilité croissante dans l'espace public est suffisamment constatée par les préfets et par les élus pour qu'on s'en inquiète.

J'entends aussi ceux qui classent le sujet, dans les préoccupations des Français, loin derrière le pouvoir d'achat ou la santé. Mais pour moi, la hiérarchie des combats politiques ne s'établit pas seulement en fonction des urgences du quotidien, de l'écho médiatique ou des enquêtes d'opinion. La politique consiste aussi à se battre pour des valeurs que l'on estime mises à mal. Qui peut dire que notre laïcité, aujourd'hui, n'est pas menacée ? Pour la défendre, il faut d'urgence reprendre la main et contredire le narratif insidieux qui voudrait en faire un principe qui empêche. Et notamment, à l'école, qui empêcherait les enfants de fréquenter la cantine ou les cours de natation sous prétexte qu'on n'y respecte pas les interdits religieux...

Eh bien non, la laïcité n'empêche pas, elle autorise. Tous les enfants sont les bienvenus à l'école publique, gratuite, laïque et obligatoire. Libres de partager leurs repas, mais sans avoir à scruter les assiettes des autres ou à rendre des comptes sur leurs menus. Libres d'étudier dans un contexte préservé des pressions familiales ou sociales. Et libres de pratiquer la natation prévue au programme, mais dans le cadre de piscines mixtes où l'on se baigne en maillot, sans céder aux injonctions d'une prétendue pudeur féminine – parce que, comme toujours, on n'embête pas les garçons sur ce point.

Ce n'est pas la laïcité qui opprime, ce sont ceux qui entravent les femmes et qui les emprisonnent. La construction de l'égalité commence dès le plus jeune âge. Y compris au bord des bassins.

Troisième partie

La vérité compte-t-elle encore ?

10

Lutter contre l'antisémitisme n'est pas seulement l'affaire des Juifs

Le 7 octobre est un traumatisme. Il l'est pour le peuple israélien et pour les Juifs à travers le monde. Il aurait dû l'être pour toutes nos démocraties qui ont déjà eu à subir dans leur chair le terrorisme islamiste.

Notre pays a connu tant d'attentats ces dernières années, des enfants assassinés à bout portant dans une école de Toulouse à la tuerie de masse du Bataclan et des terrasses de café, de l'Hyper Cacher à *Charlie Hebdo*, de la Promenade des Anglais de Nice à la décapitation du père Hamel et de Samuel Paty... Chaque fois, le monde fut à nos côtés pour faire face, se dresser et compatir. Spontanément, dans l'immédiat après-*Charlie*, nous nous sommes réunis place de la République, crayons en main. Comme une évidence. Nous avons marché ensemble par millions dans un cortège emmené par des chefs d'État et de gouvernement. Je me souviens aujourd'hui de cette phrase glissée par un ami : « Et s'il n'y avait eu que l'Hyper Cacher, combien y aurait-il eu de monde dans ces cortèges ? Mieux vaut ne pas savoir. »

Ce sentiment de solitude est terrible. Et il appelle, là encore, à un sursaut.

Avons-nous été au rendez-vous pour les 1 200 victimes du Hamas ? Ce 7 octobre 2023 où des bébés et des vieillards ont été enlevés, des villages, décimés, des femmes, violées et torturées ? Avons-nous été au rendez-vous face à la vague d'antisémitisme qui s'est abattue depuis sur nos démocraties et s'est immiscée à l'école, à l'université, dans les transports, sur les lieux de travail et sur les réseaux sociaux ?

Cette vague d'antisémitisme n'aura même pas attendu le 8 octobre. Elle n'a pas commencé le jour d'après. Elle était présente le jour même des attaques terroristes et c'est bien ce qui est le plus frappant. Et le plus insupportable. Alors que tant de familles israéliennes étaient frappées par les attentats, pleurant un enfant, un cousin, un ami assassiné ou retenu en otage, alors même que tant de nos compatriotes étaient tombés lors de ces attaques, les Français juifs ont été pris pour cible.

Souvent, on m'interpelle, me demandant pourquoi je me sens si concernée par l'antisémitisme. Beaucoup de ceux qui commentent sur les réseaux sociaux ou, surtout, m'y insultent pour mon engagement contre l'antisémitisme et le droit d'Israël à se défendre pensent que je suis juive. Quand ils n'insinuent pas, plus ou moins subtilement, que je serais payée pour adopter de telles positions publiques renvoyant à ce vieux préjugé antisémite sur les Juifs et l'argent.

Comme si, là encore, il fallait ça pour se sentir concernée. Non, je me sens concernée parce que la lâcheté m'est insupportable. Il est insupportable que des femmes et des hommes, en France, en 2024, aient peur à cause de leur nom de famille, en viennent à le renier sur leurs boîtes aux lettres ou sur Uber et Deliveroo. Insupportable que des enfants, adolescents, étudiants soient victimes de harcèlement parce qu'ils sont ou seraient juifs.

L'antisémitisme est d'abord une affaire de lâcheté. On regarde ailleurs. On met à distance.

Ça n'est pas notre histoire, pas notre culture, en clair, pas notre problème. Combien de médias ont déclaré au moment de l'assassinat de Samuel Paty que c'était la première fois qu'une école était prise pour cible, oubliant ainsi trois des victimes de Mohamed Merah à Toulouse, le 19 mars 2012 : Gabriel, trois ans et demi, Arié, six ans, et Myriam, huit ans ? Des enfants dans une cour d'école.

Cette haine est alimentée par la désinformation et les théories du complot, au travers de récits fallacieux qui vont de la négation de la Shoah à la négation des attentats du 7 octobre, prétendant dévoiler des « vérités cachées » sur la communauté juive.

Le détournement sémantique est une tactique insidieuse mais tristement efficace visant à masquer l'antisémitisme sous des termes moins évidents, par exemple en remplaçant le mot « juif » par le mot « sioniste ». Sur les réseaux sociaux, l'exploitation de ces ambiguïtés linguistiques complique les efforts de modération, rendant ainsi la lutte contre la haine plus complexe.

Alors ministre de l'Égalité entre les femmes et les hommes et de la Lutte contre les discriminations, j'ai été profondément marquée par le déni de la violence qui s'est abattue contre les femmes, violence perpétrée par le Hamas le 7 octobre et depuis, y compris les viols, les abus et les féminicides, qui constituent une forme particulièrement insidieuse d'antisémitisme. J'ai alors annoncé une revue de l'ensemble des aides directes de l'État afin de nous assurer que les financements publics bénéficiaient bien à des associations universalistes capables de nommer et de condamner l'antisémitisme. On m'a accusée de vouloir diviser le mouvement féministe. Mais où était le mouvement féministe quand il fallait dénoncer les viols et les mutilations subies par les femmes israéliennes ?

Quand j'ai reçu au ministère des femmes israéliennes, l'une d'elles m'a regardée droit dans les yeux en m'interpellant ainsi : « Alors en fait, #MeToo, c'est pour tout le monde, sauf pour les femmes juives ? » Je n'ai rien trouvé à lui répondre si ce n'est que j'avais honte. Honte que cette question existe, honte que l'on remette en cause leur parole sur les atrocités qu'elles avaient eu à subir alors que le postulat systématique des organisations féministes face aux violences sexuelles reste : « Je te crois. » À ces femmes, et pour la première fois pour des victimes de terrorisme, on a demandé des preuves.

Quand, à l'occasion de la Journée internationale pour les droits des femmes, le 8 mars 2024, j'ai eu à composer une délégation de personnalités et organisations pour m'accompagner à New York à la commémoration officielle des Nations unies, j'ai maintenu ce critère. J'ai ainsi décidé d'écarter Médecins du monde, organisation qui était de toutes les délégations jusqu'alors. Depuis le 7 octobre, des messages quotidiens ou presque étaient publiés par l'ONG concernant la situation humanitaire à Gaza. Je peux le comprendre. Mais pas qu'il n'y en ait eu aucun pour les 1 200 morts, pour les centaines de blessés, pour les otages encore retenus dans les tunnels du Hamas. Le silence dans ces circonstances-là est une culpabilité. Et c'est aussi pour lutter contre ce déni et ce silence que j'ai souhaité que l'événement porté par la France aux Nations unies porte sur le viol comme arme de guerre et arme terroriste, avec le concours de la formidable ONG We are not Weapons of War[1].

1. Cette organisation non gouvernementale française fondée en 2014, dont le nom signifie « Nous ne sommes pas des armes de guerre », se consacre à la lutte contre les violences sexuelles liées aux conflits armés.

La cyberintimidation ciblée, en particulier contre les individus en raison de leur appartenance ou de leur soutien à la communauté juive, est une forme de harcèlement visant à intimider, à isoler et à faire taire les voix qui s'élèvent contre l'antisémitisme en ligne, créant ainsi un environnement hostile pour décourager la libre expression et la participation.

Et malheureusement, ce qui est dit en ligne reste rarement en ligne. Les manifestations d'antisémitisme sur Internet et les réseaux sociaux ont des répercussions profondes sur notre réalité quotidienne. Elles aboutissent directement à des actes de violence physique. En France, après le 7 octobre, la plus importante tuerie de Juifs depuis la Seconde Guerre mondiale, on a assisté à un accroissement alarmant du nombre d'actes antisémites, qui a été multiplié par quatre par rapport aux années précédentes.

C'est pourquoi, en France, j'ai annoncé et organisé des Assises nationales de lutte contre l'antisémitisme. Pour la première fois ont ainsi été rassemblées, le 6 mai 2024, des organisations clés de lutte contre la haine comme la Licra ou SOS Racisme, des représentants des cultes – catholique, protestant, musulman au travers du recteur de la Grande Mosquée de Paris, et juif[1].

Des assises pour prendre la mesure de l'angoisse dans laquelle les Français juifs vivent aujourd'hui et sortir cet enjeu essentiel du seul sujet communautaire. Des assises pour donner la parole aux Français. Je resterai pour toujours marquée par le témoignage de cette petite fille recueillie par la formidable Sophie Nahum qui, inlassablement, réalise des portraits des derniers survivants de la Shoah. Une petite fille de six ou sept ans. Une petite fille qui devait partir en classe de découverte avec son école et qui s'entend dire par une camarade de classe : « Je ne peux plus dormir dans la chambre avec toi, j'ai appris que tu étais juive. » Une petite fille qui, dès ses six ou sept ans fait l'expérience de l'antisémitisme.

J'ai aussi souhaité associer à ces assises une auteure et réalisatrice, Émilie Frèche, qui a, sans doute la première, su trouver les mots justes concernant le crime barbare et antisémite dont est mort Ilan Halimi. Pendant vingt-quatre jours, en janvier 2006, ce jeune homme a été torturé, brûlé,

1. Comme je l'ai raconté au chapitre 3, la dissolution du 9 juin a interrompu ces travaux.

rasé, humilié. Pour une seule raison : « Les Juifs ont de l'argent. » Ilan nous ressemble et c'est pour cela qu'un prix qui porte son nom a été créé. Pour ne pas se mettre à distance, pour ne pas hiérarchiser entre racisme et antisémitisme, pour que chaque génération se sente concernée par ce combat.

Non, l'antisémitisme n'est pas seulement l'affaire des Juifs. Tant que l'on continuera à m'interpeller – « Mais pourquoi tu te sens aussi concernée ? » –, cela restera un marqueur du chemin qu'il nous reste collectivement à parcourir.

Quand j'avais été élue présidente du groupe Renaissance à l'Assemblée nationale, j'avais souhaité, lors de nos journées parlementaires, que chaque député reçoive un livre de l'auteur soviétique Vassili Grossman, *Vie et destin*. Dans sa quête de liberté, il s'inspire du grand dramaturge russe Anton Tchekhov. Dans cet ouvrage posthume publié en 1980, Vassili Grossman écrivait : « L'antisémitisme en soi n'est jamais un but, il n'est qu'un moyen. L'antisémitisme est le miroir des déficiences des individus, de l'ordre social et des systèmes publics. »

11

Du bruit et du soupçon

La vérité compte-t-elle encore ? Est-ce encore un critère aujourd'hui pour la parole publique et pour la vie politique ? Ou bien le bruit et le soupçon, l'écume et la rumeur, l'ont-ils définitivement emporté ?

Le jour de juillet 2023 où je suis devenue ministre des Familles et des Solidarités, j'ai parlé de ceux qui m'avaient changée au travers de nos rencontres. J'ai parlé d'Arsène et d'Amandine, notamment.

Arsène était un petit garçon quand je l'ai rencontré lors d'une permanence dans une mairie de ma circonscription, à Saint-Léger-en-Yvelines. Ses parents étaient à bout. À bout de souffle, de moyens, de solutions. Arsène était mal suivi, mal accompagné. Ses handicaps, multiples, mal pris en charge. Il avait droit à une demi-matinée de scolarisation par semaine, enchaînait des rendez-vous médicaux dans de multiples établissements, obligeant sa maman à sacrifier sa vie personnelle et professionnelle. Nous avons bataillé toutes les deux, côte à côte, pour qu'enfin il reçoive l'aide digne dont il avait besoin et que sa maman puisse trouver le répit auquel elle avait droit. Je l'ai recroisé à plusieurs reprises dans l'établissement qui l'accueille désormais aux Mesnuls, dans les Yvelines. Ce n'est plus le même. Évidemment, il a grandi. C'est un bel adolescent. Surtout il s'est apaisé, épanoui et tranquillisé.

Amandine est une jeune femme combattante. Comme tout le reste de sa famille. Ses parents, que j'ai d'abord rencontrés, ont subi toutes les absurdités du système administratif et de la maltraitance institutionnelle. Des délais d'attente interminables pour s'entendre répondre que le fauteuil dont leur fille avait besoin ne serait pas remboursé, des épreuves de concours qu'elle était physiquement incapable de passer alors qu'elle rêvait de devenir enseignante. Sa mère Hélène en a écrit une pièce de théâtre magnifique, *Les Combats d'Hélène*, qui ressemble à trop de combats menés par des familles pour leurs enfants – ou pour leurs parents – en situation de handicap[1].

Au moment où je devenais ministre, c'était à eux que je pensais, c'étaient leurs visages que je revoyais, leurs combats et ceux de leurs familles qui m'obsédaient. En descendant de l'estrade, un élu présent m'a glissé : « C'est malin d'avoir cité des prénoms, ça permet de mieux incarner ton discours... » Non, ce n'était pas une question d'incarnation, mais d'émotion, de sincérité et de vérité. Arsène et Amandine existent. Pour eux et pour tous ceux qui leur ressemblent, nous nous devons de nous battre.

Dans ce même discours, j'ai fait référence à ma fille. Une évidence, tant son arrivée a tout bouleversé dans ma vie mais aussi dans ma perception de nombreux enjeux. Parce que j'avais demandé que le ministère que j'allais occuper soit renommé en réintégrant le mot « Familles », au pluriel. Il ne s'agissait pas uniquement d'un signal politique mais bien de la démonstration de ce qu'apportent les familles chaque jour à notre pays, d'autant plus dans le moment de fracture et de doutes que nous

1. Le comédien Alex Lutz a joué ce texte au théâtre Antoine, à Paris, en avril 2022.

connaissons. Ce ministère, oui, est bien celui de l'essentiel, ai-je argumenté ce jour-là : « Nos vies en tant que parent, en tant qu'enfant, nos familles, le respect que nous leur devons, et la dignité humaine que nous devons garantir dans notre pays. Je mettrai tous les jours, toutes les minutes, toutes les secondes, la même énergie pour que les politiques publiques que nous menons arrivent aux bonnes personnes et pour que les solidarités soient la force de la cohésion sociale, de la cohésion nationale de notre pays. »

Dans toutes les fonctions que j'ai occupées, je suis toujours partie du même postulat et je n'ai de cesse de le rappeler à mes équipes : on est plus longtemps ancien ministre que ministre. Il faut donc accomplir le maximum, du mieux que l'on peut, aussi vite que possible. C'est d'ailleurs une véritable difficulté. La succession rapide des ministres empêche les transformations nécessaires. Soit elle accorde trop peu de temps aux administrations pour prendre la mesure des changements que l'on souhaite impulser, soit elle leur laisse trop de champ, quand les ministres ne les pilotent pas directement.

*

Le chantier de la petite enfance s'est immédiatement imposé. Une chute de la natalité depuis une dizaine d'années que l'on documente mais que l'on sait mal expliquer, un secteur en crise par perte de sens, un manque de professionnelles (car cela s'écrit d'abord au féminin) et le surmenage de celles qui continuent à s'engager, provoquant une pénurie massive de places en crèche ou auprès d'assistantes maternelles, des recompositions familiales multiples – familles monoparentales subies, familles recomposées, éloignement géographique des grands-parents...

Très vite, j'ai été confrontée à une gestion de crise : deux livres devaient paraître coup sur coup, dénonçant le « business de la petite enfance » et les « abus » du secteur privé, tous deux ayant comme point de départ la mort dramatique d'une petite fille plus d'un an avant ma nomination. J'avais un choix à faire : soit m'engouffrer dans la brèche médiatique en dénonçant à mon tour le secteur, soit assumer des réformes structurelles tout en redonnant espoir. La première voie était la plus simple. J'aurais alerté, alarmé, enchaîné les plateaux, dénoncé le système... Succès d'audience et d'estime garantis en tapant sur le privé. La seconde option était plus risquée. Je n'y gagnais rien, si ce n'est d'essayer de ne pas enfoncer un secteur déjà mal en point et sur lequel un rapport de notre propre administration avait déjà tout dit. Il fallait surtout mettre en application ses recommandations.

J'ai choisi la seconde solution. Pour trois raisons : parce que c'était la voie à laquelle je croyais, parce que l'autre aurait ajouté de la crise à la crise. Parce que, surtout, les enfants, les parents et les professionnels auraient été, sinon, les premières victimes.

J'ai alors travaillé avec l'ensemble des acteurs de la petite enfance, multipliant les déplacements, interrogeant et réunissant des acteurs de terrain, les syndicats, les fédérations. Dont celle des entreprises de crèches privées. Rien de plus normal. Un de mes prédécesseurs s'est vanté de ne pas avoir eu de contact direct avec les acteurs du secteur. Comme si un bon ministre était celui qui ne met jamais les mains dans le cambouis, ne soulève jamais le capot de la voiture et délègue encore et toujours à son cabinet ou à son administration, sans jamais rien contrôler. C'est sûr, c'est moins risqué. Mais ça n'est pas ma conception : un ministre dirige, pilote, décide et se forge des convictions. Ou alors, il faut faire autre chose.

Il n'y a pas eu d'incendie. Et il y a eu des réformes. Pour la première fois, une ministre des Familles a convoqué l'ensemble des préfets pour leur demander de prendre toutes les dispositions nécessaires, allant jusqu'à des fermetures temporaires ou définitives de crèches en cas d'absence de professionnels, de manquements, ou si le moindre signalement ou risque de maltraitance se présentait.

Pour la première fois, l'État a engagé des moyens permettant la revalorisation des professionnels de la petite enfance dont il n'était pourtant pas l'employeur direct. Rien n'était dit avant ma nomination sur la conditionnalité de ce soutien. Je l'ai fait dépendre de la nécessaire harmonisation par le haut des conditions de travail et des conventions collectives.

Pour la première fois, la loi a été changée par l'adoption à l'unanimité de ma proposition à l'Assemblée nationale pour permettre des contrôles sur pièces et sur place des groupes privés. Et je pourrais encore ajouter la convocation de ces entreprises au ministère, en leur refusant de venir avec leur conseil et avocats ; les missions de contrôle que j'ai déclenchées ; le référentiel national qui a été mis en place dans l'ensemble des établissements ;

etc. Ça, ce sont les faits, les actes. Le reste n'est, encore une fois, que rumeur et soupçon.

Mais voilà qu'un nouveau livre est publié. Je suis ministre de l'Égalité entre les femmes et les hommes (je n'ai donc plus la responsabilité des familles) quand son auteur demande à m'interroger. Sans me défiler, j'ai accepté de le rencontrer plutôt que de lui répondre par écrit. Parce que je n'ai rien à cacher. Je sais ce que j'ai fait – et aussi ce que j'aurais aimé continuer à faire. L'entretien dure une heure trente en présence de deux membres de mon équipe. Tout est à charge et le livre, sans nul doute, déjà écrit avant notre rencontre. L'auteur en vient d'ailleurs à me dire que « certains collaborateurs se sentaient marginalisés quand j'entrais trop dans la technique des sujets ». On en vient à critiquer une ministre qui connaît ses dossiers et entend les maîtriser... Le livre paraît quelques mois plus tard, en pleine formation du gouvernement de Michel Barnier.

L'ouvrage entend démontrer, pour ce qui me concerne, que je serais soumise aux lobbys et que des écrits m'incrimineraient directement. Les lobbys ? Le fait d'avoir connu il y a des années une des déléguées générales d'une fédération, que je n'avais jamais recroisée depuis et avec laquelle je n'ai même jamais pris un café ? Des écrits ? Le fait d'avoir eu des échanges directs et non par des intermédiaires ?

Les premiers chapitres du livre, qui entend d'abord dénoncer les appétits financiers d'un des groupes de crèches, me sont consacrés. Et avec quoi à l'appui ? Le témoignage anonyme d'un ancien collaborateur furieux que je n'aie pas souhaité le garder dans mon équipe. Du ressentiment donc, mais où sont les faits ? Des échanges sont retranscrits. Mais ils sont coupés, tronqués, placés dans le mauvais ordre, non datés.

Évidemment, LFI s'engouffre dans la brèche. L'occasion est trop belle : accoler les mots « ministre » et « lobby » est un bel atout marketing. D'autant plus que ses élus ont souhaité créer quelques mois plus tôt une commission d'enquête sur le sujet dans l'unique but de faire défiler des femmes et des hommes politiques devant les membres de celle-ci et, ainsi, espéré les fragiliser. Je serai entendue. Sous serment, je dirai donc évidemment la stricte vérité : j'ai fait mon travail et je n'entretiens aucun lien intime ou personnel ou amical avec des professionnels du secteur ou des « lobbys ».

Les quinze premiers jours me paraissent une éternité. Je vois mon nom sali dans les médias et sur certains réseaux. Je lis des extrapolations honteuses. J'aurais « couvert des maltraitances ». Je me serais parjurée en commission d'enquête. C'est écœurant, insultant, diffamatoire. Mon équipe me conseille, et à juste titre, de me taire. M'abstenir de répondre est un effort immense pour moi. Je ne peux pas me défendre, je ne peux pas dire, non pas « ma » vérité, mais « la » vérité, tout simplement.

À ce moment-là, je vis dans un huis clos où je ne vois plus et n'entends plus que ça pendant que la vraie vie continue à l'extérieur. Mes amis hors du champ politique et médiatique n'ont même pas entendu parler du livre. Alors je me tais et je fais uniquement savoir que je prépare une plainte. Beaucoup me l'ont déconseillé, craignant une prise de risque supplémentaire pour moi et un surcroît d'exposition offert à l'auteur et à son ouvrage... Je ne partage pas cet avis. Ce sont mon honneur, mon intégrité, mon honnêteté qui ont été mis en cause. Le temps judiciaire n'est pas le temps médiatique. Je le sais. Mais peu importe. Cela prendra du temps. J'ai confiance, la vérité des faits sera (r)établie.

La plainte est désormais déposée. En diffamation. J'ai confiance en la justice. Et je dors mieux depuis.

Épilogue

Le gouvernement de Michel Barnier aura survécu à peine un trimestre. Trois mois, quatre-vingt-onze jours. Un autre aurait-il pu mieux faire ? Je ne le crois pas. Il semblait presque inévitable que le premier gouvernement formé après la dissolution chute, comme une forme de victime expiatoire. Que cela advienne alors que Michel Barnier en était le Premier ministre est sans aucun doute injuste. Mais la justice n'est pas la principale caractéristique de la vie politique.

Je n'étais pas d'accord avec tout ce qu'il avait proposé, et je l'avais d'ailleurs dit publiquement concernant le coût du travail. Au moins avait-il le mérite de fixer un cap et des priorités, avec l'élégance et l'intégrité que tous lui reconnaissent. Soyons honnêtes : au-delà de ceux qui l'ont censuré, ses alliés ont-ils été ses premiers soutiens ? Combien espéraient à mots couverts le voir trébucher ? C'est un jeu dangereux, tout simplement parce qu'il ne s'agit pas d'un jeu. La vie de notre pays ne peut pas être rythmée par des censures trimestrielles dépendant ici de l'issue du procès du Rassemblement national, là du courage du Parti socialiste, ou encore des stratégies individuelles de ceux qui, « en se rasant », ne pensent qu'à la présidentielle de 2027. Aucun de ces destins individuels ne résistera si nous n'obtenons pas de résultats, si nous naviguons sans cap. Et un cap, ce n'est pas une collection de mesures mais la capacité à définir un chemin vers lequel notre nation peut regarder avec confiance. C'est assumer avec courage non pas un empilement de réformes mais de regarder lucidement l'état de notre pays et la résilience des valeurs auxquelles nous croyons.

Quand il m'a été proposé, après la nomination de François Bayrou à Matignon, de revenir au sein du gouvernement, j'ai sincèrement hésité. Mon compagnon, mes amis, mes équipes pourraient témoigner de nos (très) nombreuses conversations jusqu'à quelques minutes de l'annonce du nouveau gouvernement. D'abord parce qu'il s'agit toujours d'une décision familiale tant elle percute nos vies personnelles. Ensuite, et surtout, parce que je me demandais si c'était ma place désormais. J'ai une haute idée de la vie politique, parlementaire, gouvernementale. Et le cirque permanent auquel nous assistons me désole profondément tant il abaisse le niveau et détruit nos capacités d'action. Mais je crois aussi, et justement, que ce moment suppose des combattants, prêts à relever le gant et à mener des combats politiques. Et le ministère de l'Égalité entre les femmes et les hommes et de la Lutte contre les discriminations est au cœur des combats de notre époque. De ces combats qui nous restent. À mener et à relever. À quoi bon écrire notre devise nationale au fronton des mairies si l'égalité entre les filles et les garçons, entre les femmes et les hommes, n'est toujours pas effective ? Si les rapports de domination sont tels que la liberté de choix n'est pas possible et que les contraintes s'imposent jusque dans notre propre chair ? Si l'antisémitisme, le racisme, les discriminations sont tels qu'ils nous conduisent à nous retrancher derrière des appartenances communautaires et empêchent toute fraternité ? Si l'on préfère la juxtaposition de minorités et d'identités plutôt que d'embrasser le cœur de notre devise nationale : l'Égalité ?

La politique n'est pas morte. L'espoir que les Français placent en elle s'appauvrit en revanche d'heure en heure. Nous n'avons plus le temps. Ne nous condamnons pas et soyons à la hauteur.

Repères

13 novembre 1986 : naissance à Paris.

2002 : adhésion à l'UMP.

Juin 2009 : diplômée de Sciences Po Paris.

2016 : membre de l'équipe de campagne d'Alain Juppé à la primaire de la droite.

Février 2017 : soutien à la candidature d'Emmanuel Macron.

18 juin 2017 : élue députée (LREM) des Yvelines. Porte-parole puis présidente déléguée du groupe à l'Assemblée nationale.

19 juin 2022 : réélue députée des Yvelines. Élue présidente du groupe Renaissance à l'Assemblée nationale.

20 juillet 2023 : nommée ministre des Solidarités et des Familles dans le gouvernement d'Élisabeth Borne.

11 janvier 2024 : nommée ministre chargée de l'Égalité entre les femmes et les hommes et de la Lutte contre les discriminations dans le gouvernement de Gabriel Attal.

7 juillet 2024 : réélue députée des Yvelines.

23 décembre 2024 : nommée ministre chargée de l'Égalité entre les femmes et les hommes et de la Lutte contre les discriminations dans le gouvernement de François Bayrou.

Remerciements

Merci à ma famille, à l'homme que j'aime, à nos trois filles, à ma maman ; ils sont ce qu'il y a de plus important, ce qui compte vraiment et pour toujours. Merci à mon père dont la voix et les conseils me guident tout autant qu'ils me manquent, chaque heure de chaque jour.

Merci à ma famille élargie, tontons, taties, parrain et marraine de Victoire, amis si précieux.

Merci à mon équipe qui depuis sept ans m'accompagne, m'épaule, me conseille et me supporte (la polysémie étant choisie à dessein !).

Merci à toutes celles et à tous ceux que j'ai rencontrés partout en France et dont l'engagement, la force, le courage, la créativité, l'énergie, la dignité me poussent chaque jour à travailler plus.

Merci à Frédéric Béghin, et merci à Thierry Billard, mon éditeur, pour sa confiance et sa patience : je n'aurais pas réussi à oser ni à conclure ce livre sans son soutien.

Table des matières

Ce livre existe grâce au travail de toute une équipe.

Communication : Caroline Babulle, Solveig de Plunkett, Victoire Brulon, Inès Paulin, Adélaïde Yvert.

Coordination administrative : Martine Rivierre.

Studio : Pascaline Bressan, Barbara Cassouto-Lhenry, Joël Renaudat.

Fabrication : Muriel Le Ménez, Céline Ducournau, Bernadette Cristini, Sophia Paroussoglou, Isabelle Goulhot.

Commercial, relation libraires et marketing : Catherine Lauprêtre, Naïma Ruan, Anne-Laure Heugel, Élise Iwasinta, Armand Jamme, Solenn le Meur, Joséphine Saint-Paul, Aurélie Scart.

Cessions de droits : Elisabeth Stempak, Benita Edzard, Lucile Besse, Sonia Guerreiro, Costanza Corri.

Gestion : Sophie Veisseyre.

Services auteurs : Viviane Ouadenni, Jean-François Rechtman, Catherine Reimbold, Anita Sevenant.

Ainsi qu'à toutes les équipes d'Interforum et d'Editis qui participent à la création, la diffusion et la distribution de ce livre.

Canoros Vehit Canentes

Imprimé en France par
CPI Firmin-Didot
en février 2025

pca
cmb
édition pré-presse
livres numériques

44400 Rezé

#lisez!
engagé
www.lisez.com
Pour plus d'information :
Imprimé sur du papier issu de forêts gérées durablement.

N° d'édition : 67814/01 – N° d'impression : 182418